I0816437

EL CÓDIGO DEL HÉROE

William H. McRaven

El código del héroe

10 virtudes para transformar el miedo en valentía

DIANA

Título original: *Hero Code*

Traducción: Susana Olivares Bari

Esta edición es publicada por acuerdo con Grand Central Publishing,
New York, New York, USA.

Diseño de portada: Planeta Arte & Diseño
Fotografía de portada: © iStock
Diseño de interiores: Cáskara / Alejandra Ruiz Esparza

Bajo el sello editorial DIANA M.R.
Avenida Presidente Masarik núm. 111,
Piso 2, Polanco V Sección, Miguel Hidalgo
C.P. 11560, Ciudad de México
www.planetadelibros.com.mx

Primera edición en formato epub: junio de 2021
ISBN: 978-607-07-7678-6

Primera edición impresa en México: junio de 2021
ISBN: 978-607-07-7675-5

Impreso en los talleres de Litográfica Ingramex, S.A. de C.V.
Centeno núm. 162-1, colonia Granjas Esmeralda, Ciudad de México
Impreso y hecho en México - *Printed and made in Mexico*

Les dedico la presente obra a todos los hombres y mujeres notables que lucharon en contra de la pandemia de Covid-19 para que el resto pudiéramos sobrevivir y seguir adelante con nuestra vida: a los científicos, profesionales de la salud, a quienes nos proporcionan y ofrecen bienes y servicios, y a todos aquellos que protegen nuestras calles. Si alguna vez existió alguien digno de ser llamado héroe, esos son ustedes. ¡Gracias por todo lo que hacen por nosotros!

ÍNDICE

INTRODUCCIÓN

En 1960, a mis cinco años, mi padre, un oficial de la Fuerza Aérea, se encontraba emplazado en Fontainebleau, Francia. Estaba asignado al Cuartel General Supremo de las Potencias Aliadas en Europa (SHAPE, por sus siglas en inglés). Vivíamos en una vieja casona de tres pisos en un área remota llamada Bella Woods. Con pocos servicios modernos en la casa y sin televisión, crecí devorando infinidad de cómics estadounidenses: Batman, Spider-Man, los Cuatro Fantásticos, los X-Men, Hulk, Thor y Aquaman. Pero había un héroe que realmente capturaba mi imaginación. Era la quintaesencia del héroe estadounidense. Su traje era azul y rojo. Provenía de un pequeño pueblo de Kansas y contaba con poderes asombrosos. Era más rápido que una bala y capaz de saltar de edificio en edificio rescatando a mujeres, niños y hombres en problemas. Era el «campeón de los desamparados y oprimidos». Durante la guerra, mi héroe peleó contra los nazis, los fascistas, los señores de la guerra del Imperio japonés y los quintacolumnistas. En asociación con los soldados y marineros estadounidenses, se «lanzó a una gigantesca batalla por el futuro de la democracia» y triunfó. ¡Era Superman, el hombre de acero de Action Comics!

¡Cómo deseaba ser como Superman! No hubo toalla en toda la casa que en algún momento no sirviera de capa. Brincaba de sillas, sofás, mesas y cualquier otra superficie imitando a mi héroe. Creía que si algún día el mundo volvía a estar en problemas, Superman vendría al rescate. Quizás él y yo podríamos hacer equipo. Batman tenía a Robin, ¿por qué Superman no podía tener un compañero?

En 1963 le ordenaron a mi padre regresar a Estados Unidos. Mi familia y yo viajamos a Calais, Francia, abordamos el transatlántico *SS United States* y, después de un viaje de cuatro días, atracamos por babor en la ciudad de Nueva York. Tan pronto como nos registramos en el hotel, prendí la televisión. Allí, en blanco y negro, estaba mi héroe, que saltaba de un edificio a otro mientras las balas rebotaban en su pecho y rescataba a Lois Lane. Y todo esto ocurría en Nueva York, en la ciudad de Metrópolis. Y ahora que estaba yo aquí, con algo de suerte tal vez también estaría Superman.

A lo largo de los días siguientes, mi padre y yo exploramos la ciudad. Fuimos a todas partes: al edificio Empire State, la Feria Mundial, el Times Square. Pero mientras viajábamos entre enormes rascacielos, yo no dejaba de mirar entre esas torres con la esperanza de alcanzar a ver, aunque fuera de manera fugaz, al hombre de acero. De vez en cuando mi padre me observaba y me preguntaba si todo estaba bien. «Claro, sí, todo está bien». O sea, ya tenía ocho años de edad; en realidad ya estaba muy grande como para creer en Superman. En el fondo de mi mente sabía que mi héroe solo era el personaje de una historieta, pero en mi corazón, en lo más profundo de este, de verdad esperaba que existiera. «Porque si Superman existiera, podría resolver todos los problemas del mundo». Para él no había nada demasiado difícil. Los nazis no podían detenerlo ni los alienígenas podían lastimarlo. Ningún delincuente era tan listo como para superarlo.

Al fin, mi padre me observó con detenimiento y me preguntó:

—Bill, ¿qué te pasa?

Me avergonzaba contárselo, pero como insistió en que le respondiera, terminé por hacerlo.

—Es que, la ciudad de Nueva York es Metrópolis y yo… —Dudé un instante—. Tenía la esperanza de poder ver a Superman.

Papá sonrió, me abrazó, y señalando en dirección a un oficial de policía de la ciudad de Nueva York, me dijo:

—Hijo, el hombre que protege a la ciudad de Nueva York es ese.

Si acaso es posible tener una epifanía a los ocho años de edad, debo decir que tuve una en ese mismo instante. Si Superman no era real ¿quién iba a salvar al mundo? Si Superman o Batman o Spider-Man no iban a venir ¿cómo podríamos detener a los delincuentes, a los nazis, a los soviéticos, a los invasores del espacio y a toda la demás violencia y destrucción? La respuesta era evidente. «Lo tendríamos que hacer nosotros».

Al paso del tiempo me obsesioné con los héroes de la vida real: astronautas decididos a llegar a la Luna, médicos que creaban vacunas para salvar a millones, líderes cívicos que marchaban en pro de los derechos de los desposeídos y líderes políticos que formaban nuevos gobiernos en los que la gente tenía una voz verdadera. Soldados condecorados que regresaban de las guerras de Corea y, después, de Vietnam. Atletas que trascendían las barreras raciales. Aventureros que escalaban las máximas alturas, buceaban a las máximas profundidades, navegaban a grandes distancias y exploraban territorios desconocidos. Visionarios que intentaban limpiar el aire, salvar a los océanos y proteger los frágiles ecosistemas. Me maravillaban estos hombres y mujeres notables, pero sabía que yo no me les parecía en nada. Todos eran más inteligentes, más fuertes y más valerosos que yo. Poseían atributos y superpoderes de los que yo carecía. Por eso eran héroes y por eso eran las únicas personas que podían salvar al mundo.

Pero estaba equivocado.

En 1977 me gradué de la Universidad de Texas en Austin y me uní a los SEAL de la Armada de Estados

Unidos. A lo largo de los siguientes 37 años viajé por el mundo y contemplé lo peor de la humanidad: guerra y destrucción, enfermedad y pobreza, crueldad e indiferencia. El mundo estaba lleno de problemas, en apariencia ¡problemas intratables, irresolubles e imposibles! Sin embargo, en esos mismos años también vi lo mejor de la humanidad, a hombres y mujeres que buscaban la paz, reconstruían naciones, curaban enfermedades y rescataban a la gente de la pobreza. A hombres y mujeres con tal grado de compasión que hacían que la crueldad e indiferencia de los demás palidecieran junto a sus acciones; hombres y mujeres de todas profesiones y condiciones sociales, provenientes de todos los niveles socioeconómicos, de cada raza, religión, género y orientación sexual.

Fue así como me percaté de que en cada uno de nosotros existe un héroe, de que hay un código innato que ha existido desde los albores de la humanidad. Un código que está grabado en nuestro ADN y que impulsó la gran expansión de la humanidad desde África. Lo que llamó a los exploradores a cruzar los desiertos y los mares, ayudó a generar las grandes religiones, impulsó a los primeros científicos y filósofos, alimentó a los enfermos y a los débiles, comunicó la verdad a las masas, y trajo orden al caos y esperanza a los desesperanzados. Este código no es un mensaje cifrado, ni un criptograma, ni un acertijo a resolver; es un código moral, un código interno de conducta que impulsa a la raza humana a explorar, a nutrir, a consolar, a inspirar y a reír para que las sociedades puedan florecer.

Este libro trata de esos héroes y de las virtudes que poseen. Si te preguntas si alguna vez podrías ser tan valeroso, tan compasivo o tan humilde como los hombres y mujeres que aparecen en estas narraciones, ¡créeme que puedes! Algunas personas viven por naturaleza según el código del héroe, pero la mayoría necesitamos aprender la manera de invocar estas virtudes. Necesitamos observar cómo las otras personas lo aplican en su vida y tratar de imitarlas. Necesitamos desarrollar esas cualidades por medio de pequeños pasos que, a la larga, se convertirán en la base de nuestro carácter.

Espero que las narraciones de esta obra y las lecciones de carácter que contiene te ayuden a enriquecer tu vida para que sea merecedora del respeto de los demás. La triste realidad es que Superman no va a venir a salvar al mundo. Cada uno de nosotros tendrá que hacer lo que le corresponde, todos tendremos que encontrar a nuestro héroe interno y sacarlo a la luz. Así que ¡agarra una toalla, súbete a una silla y salta!

CAPÍTULO UNO

Valentía

Al entrar al gran centro de comando de mi cuartel general de Operaciones Especiales en Tampa, un sargento en uniforme de camuflaje les ordenó a los soldados cuadrarse y saludar. Todos se levantaron de sus asientos y se mantuvieron firmes hasta que tomé mi lugar a la cabecera de la mesa.

—Tomen asiento —ordené.

Se trataba de la junta informativa diaria y más de cien soldados, marineros, aviadores, marines y civiles se encontraban repartidos por la habitación, todos preparados para proporcionar al almirante de cuatro estrellas, que en este caso era yo, sus impresiones relacionadas con los sucesos de la noche anterior.

Sobre la pared de casi dos metros que estaba frente a mí había una colección de pantallas planas de 70 pulgadas, cada una con información vital relacionada con nuestras operaciones especiales alrededor del mundo. Al centro de la pared había tres metros cuadrados ocupados con una enorme colección de cámaras y micrófonos para poder tener videoconferencias con mis comandantes.

Junto a mí estaba sentado Chris Faris, mi sargento mayor de comando, un *ranger* y operador de Fuerzas Especiales altamente condecorado. Faris y yo llevábamos cinco años trabajando juntos. Me era por completo indispensable, lo saludé y al momento supe que algo pasaba. Estaba muy callado y respondió a mis saludos con un leve movimiento de cabeza.

Al frente del centro de comando, un joven oficial empezó con el informe de los resultados de las misiones de la noche anterior. Mencionó algunas operaciones de los *rangers* y los SEAL en Afganistán, algunos programas de entrenamiento en África y después pasó al informe de bajas. En silencio, elevé una plegaria al tiempo que el oficial empezó a hablar.

—Señor, anoche, en la provincia de Kandahar, perdimos a tres efectivos: al soldado Christopher Horns, al sargento primero Kris Domeij… —hizo una pausa— y a la teniente Ashley White del Equipo de Apoyo Cultural.

Respiré hondo.

—¿Qué sucedió? —pregunté con solemnidad.

—Señor, los *rangers* estaban llevando a cabo una misión de rutina en Kandahar y el complejo talibán estaba sembrado de trampas explosivas. Los dos *rangers* y la teniente White pisaron una mina terrestre de placa de presión y se detonó. Los *rangers* murieron al instante. —El joven oficial volvió a pausar. Se le estaba dificultando proseguir con la siguiente oración—. La teniente White sufrió lesiones graves a causa de la explosión. —Se detuvo de nuevo—. El helicóptero de evacuación médica la llevó hasta Kandahar, pero falleció en el hospital.

Todos los presentes en la habitación se quedaron mirando al piso o a mí.

Enterarse de que se perdieron elementos jamás resulta fácil. No es que la vida de los dos *rangers* valiera menos, pero al padre que soy, al padre de una hija que casi tiene la edad de Ashley, se le dificultó, de alguna manera, aceptar esa pérdida. No era el primer elemento femenino que perdía en batalla, pero en esta ocasión se trataba de algo personal, porque Ashley White jamás hubiera formado parte de esa misión si yo no lo hubiera solicitado.

En 2008, como almirante de tres estrellas, asumí el cargo del Comando Conjunto de Operaciones Especiales. Aunque la base estaba en Carolina del Norte, pasábamos la mayor parte de nuestro tiempo en Irak y Afganistán. Después de observar nuestras operaciones de combate noche tras noche, me di cuenta de que necesitábamos incluir mujeres estadounidenses en nuestras misiones. Las necesitábamos para que pudieran interactuar con las mujeres afganas en el sitio. El hecho era que, en términos culturales, los hombres, incluso si eran afganos, no estaban preparados para interactuar con miembros del sexo opuesto. Y quienes contaban con la inteligencia vital relacionada con el enemigo al que estábamos persiguiendo eran las esposas, hijas y hermanas de los afganos, es decir, las mujeres afganas. Luchar sin contar con soldados femeninos para que interactuaran con las mujeres de Afganistán era como hacerlo con una mano atada a la espalda. La falta de soldados mujeres hacía que el riesgo que se corría en las misiones fuera mucho mayor. Pero los efectivos femeninos que me hacían falta no podían ser de cualquier tipo, ¡necesitaba a las mejores! Requería mujeres que fueran intrépidas, fuertes física y mentalmente, capaces de tolerar el estrés constante que acompaña a la guerra. Mujeres que pudieran pararse codo a codo con los guerreros endurecidos por el combate y a quienes no les intimidara su experiencia ni les asustara su proceder brusco y su comportamiento insensible. Cada noche nos enfrascábamos en batallas inmisericordes y con el paso de los años las bajas se habían acumulado y, junto con ellas, el número de hombres marcados por esas muertes. Necesitaba mujeres tan resilientes como ellos, tan valientes y tan comprometidas con la misión como ellos. Por ello pedí a mis superiores que se formaran Equipos de Apoyo Cultural (EAC) con elementos femeninos que participaran en mis operaciones de combate. Y Ashley White fue una de las primeras voluntarias.

Cada candidata a los EAC era enviada a Fort Bragg en Carolina del Norte, donde se preparaba con un exhaustivo entrenamiento físico y psicológico para su emplazamiento en el extranjero. Ashley tenía una condición física increíble y era capaz de hacer 20 dominadas al hilo, y de igualar a los hombres en la mayoría de las pruebas físicas. Uno de los instructores la llamaba «la silenciosa Megatrón rubia». Pero no solo era increíblemente ruda, sino que era una dama en todos los sentidos. La capitana Meghan Curran, su compañera en el EAC, nos dijo que Ashley era «esposa e hija... no le tenía miedo a nada, pero tenía un lado suave, no temía ser femenina y ser una guerrera al mismo tiempo».

Para agosto de 2011, Ashley estaba en Afganistán llevando a cabo misiones con el Septuagésimo Quinto Regimiento Ranger, la unidad de infantería de mayor élite de todo el país. A las pocas semanas de llegar a la zona de combate se vio involucrada en un intercambio armado con los talibanes. Este hecho la hizo merecedora de la Insignia de Acción en Combate, que solo se otorga a efectivos bajo fuego enemigo. Con su típica humildad, le restó toda importancia al incidente armado.

Noche tras noche, Ashley se ponía su traje de combate, tomaba su arma, se subía a un helicóptero y se internaba en la oscuridad de la noche sin saber si regresaría. Pero a pesar del peligro, a pesar de los riesgos y a pesar de la posibilidad de perderlo todo, lo que más temía era decepcionar a sus compañeros de armas: no estar allí cuando la necesitaran. Pero Ashley White *siempre* estuvo allí para sus camaradas. *Siempre* estuvo lista, *siempre* estuvo preparada, *siempre* estuvo centrada en la misión. La noche del 22 de octubre de 2011 no fue la excepción. Se puso su equipo, hizo a un lado sus temores y abordó el helicóptero; porque sin importar lo que la noche trajera consigo, no iba a decepcionar a los soldados a los que amaba. La única diferencia es que esa noche su increíble valentía le costaría la vida.

El combate tiene maneras de desgastarte. El temor te corroe noche tras noche, te susurra al oído y saca provecho de tus peores pesadillas. Necesitas una increíble valentía solo para levantarte por las mañanas y enfrentarte a tu día. Y se necesita un valor todavía más extraordinario para enfrentarte con entusiasmo a ese día sabiendo los retos y riesgos a los que te enfrentarás. Pero los héroes verdaderos, como Ashley White, lo hacen porque encontraron el coraje para enfrentarse a sus temores y eso les da nervios de acero y fortalece su determinación.

En cada carta que tuve que escribirles a los padres o cónyuges de un elemento caído dije, sin dudarlo ni por un momento, que sus héroes murieron haciendo lo que amaban, junto a hombres y mujeres que los querían y respetaban. Sabía que, por más dolorosas que esas palabras podían resultar en su momento de duelo, expresaban la verdad. Ashley White amaba a los soldados con los que servía y su valentía era la encarnación de ese amor. Lo mismo sucedió con los galardonados con la Medalla de Honor, el teniente Mike Murphy, el jefe Mike Monsoor y los sargentos John Chapman y Robbie Miller; o con los SEAL y soldados a bordo de los helicópteros *Turbine* 33 y *Extortion* 17 que volaron a territorio enemigo para rescatar a sus compañeros y jamás regresaron. O con los otros miles de soldados, marineros, aviadores, marines y civiles que dieron tanto desde los ataques del 11 de septiembre.

Pero la valentía no es terreno exclusivo de los guerreros. Nada más lejos de eso. He atestiguado actos de heroísmo equivalentes por parte de médicos que cuidan de sus enfermos, de policías que patrullan las calles, de bomberos que se adentran en edificios en llamas, de padres y madres que protegen a sus hijos, y de incontables hombres y mujeres que se sobreponen a sus temores y hacen cosas extraordinarias.

No obstante, hay ocasiones en que la valentía física que se requiere para enfrentar a los enemigos de la nación o a las amenazas callejeras palidece en comparación con el valor que se necesita para enfrentarse al enemigo que llevamos dentro. Cada uno de nosotros debe afrontar desafíos en nuestra vida: temor, incertidumbre, arrepentimientos, alcohol, drogas, depresión… la vida misma. A menudo me he visto inspirado por el valor de otros que se enfrentan a sus propios demonios. Vi con enorme orgullo cómo Chris Faris, mi sargento mayor de comando, y Lisa, su esposa, compartieron su historia personal con miles de soldados. Fue la historia del estrés postraumático de Chris y la lucha de la pareja por mantener unida a su familia. Chris y Lisa la dieron a conocer para alentar a otros cientos de combatientes en crisis a buscar ayuda. Es indudable que su valor salvó la vida de incontables hombres y mujeres jóvenes que estaban al borde del suicidio.

Pero no solo las tropas han tenido que lidiar con estas heridas invisibles. También Carter Ham, un general de cuatro estrellas, dio el extraordinario paso de compartir en público su batalla contra la depresión y el estrés postraumático con la esperanza de que hacerlo alentara a otros a buscar ayuda. El almirante Sandy Winnefeld, anterior vicepresidente de la Junta de Jefes del Estado Mayor, perdió a un hijo por causa de la crisis de opioides. Después de eso él y Mary, su esposa, iniciaron una campaña, el Proyecto SAFE, para ayudar a otros que estuvieran luchando contra esa adicción.

Ninguno de nosotros es inmune a los dolores y desilusiones de esta vida, pero si dudas por un segundo que tienes el valor necesario para enfrentar el mal en el mundo o esa debilidad que pervive en el fondo de cada uno de nosotros… estás equivocado.

Cuenta la leyenda que durante la batalla de independencia de Texas, el coronel William B. Travis desenvainó su sable y trazó una línea en la arena a los pies de los hombres que defendían el Álamo. Les dijo que era prácticamente inevitable que perdieran la vida a manos del ejército del general mexicano Antonio López de Santa Anna y que cualquier hombre que deseara abandonar el fuerte podía hacerlo, pero que cualquiera que quisiera quedarse a pelear debía dar un paso al frente: un paso para cruzar esa línea que había trazado en la arena. Aunque políticos, historiadores y personas bienintencionadas de ambos bandos podrán debatir la rectitud moral de esa batalla, nadie puede disputar la valentía de los hombres que optaron por quedarse y el impacto que tuvo su acción sobre el futuro de Estados Unidos.

Todos tenemos nuestras rayas en la arena, esos temores que nos impiden ser valientes, pero lo único que necesitamos hacer para sobreponernos a ellos, a esos obstáculos, a esos retos en tu vida, es dar un paso al frente. Solo uno. Da un paso y aborda el helicóptero, da un paso y habla con un médico, da un paso y desafía a esos bravucones, da un paso y enfréntate a tus demonios internos. Bastará con que des ese paso para encontrar el valor que buscas, la valentía que necesitas para superar tus miedos y convertirte en el héroe que ansías ser.

EL CÓDIGO DEL HÉROE

Siempre me esforzaré por ser valiente, por dar un paso al frente al tiempo que confronto mis temores.

CAPÍTULO DOS

Humildad

El comedor era pequeño e íntimo, con bellos pisos de madera y puertas francesas que conducían a una amplia escalera alfombrada que llegaba hasta el vestíbulo. La mesa principal estaba dispuesta para nueve personas y otras seis mesas redondas se hallaban situadas alrededor de la habitación. Mi anfitrión para esta cena privada era el doctor Kenneth Cooper, afamado cardiólogo del deporte cuyo primer libro, *Aerobics*, publicado en 1968, inspiró la revolución *fitness*. El doctor Cooper me había invitado a dar una conferencia más tarde esa misma noche en el Cooper Institute de Dallas. Él y Millie, su esposa, estaban sentados frente a mí. A mi derecha se encontraban Roger

Staubach, mariscal de campo del Salón de la Fama para los Vaqueros de Dallas, y Marianne, su esposa. Después de mi jubilación de la Armada en 2014, Roger y yo nos habíamos vuelto buenos amigos. Otra pareja de lo más agradable, también proveniente de Dallas, estaba sentada junto a los Cooper, y a mi izquierda estaba un caballero de mayor edad con su esposa.

El doctor Cooper dirigió algunas palabras de bienvenida a sus invitados y después sirvieron la cena. La pareja de Dallas estaba un poco alejada de mí como para hablar con ellos, y los Staubach estaban enfrascados en gran plática con los Cooper, así que dirigí mi atención al hombre mayor que estaba sentado cerca de mí. Antes había dado una vuelta para presentarme con mis compañeros de mesa, pero no había escuchado el apellido del caballero de mayor edad. Solo supe que le decían Charlie.

—¿Vive usted aquí en Dallas? —pregunté.

—No —respondió—. Mi esposa, Dotty, y yo vivimos en New Braunfels.

New Braunfels era un encantador pueblo localizado cerca del lugar en donde crecí, en San Antonio, Texas.

—¿Y cómo es que terminaron en New Braunfels?

—Pues, yo estuve en la Fuerza Aérea durante algunos años y, al jubilarme, decidimos asentarnos allí.

—La Fuerza Aérea —repetí con una sonrisa. Ahora teníamos algo en común—. Mi padre estuvo en la Fuerza Aérea, fue piloto de combate, y mi hijo también forma parte de ella.

—Yo amé mi época en el servicio.

—¿Y a qué se dedicaba?

—Fui piloto —contestó.

Cuando me detuve a mirarlo, me pareció lógico. Aunque supuse que tendría unos 80 años, todavía se mantenía delgado y tenía aspecto atlético, y además tenía el porte de un hombre que sabe lo que vale.

—¿Y qué piloteaba?

—Pues un poco de esto y otro poco de aquello.

—Un hombre de muchos talentos, ¿no?

—O un tipo incapaz de hacer un solo trabajo —dijo soltando una risa.

Yo también sonreí ante el comentario, pero ahora dudaba un poco en cuanto a continuar con la conversación. A menudo los pilotos son sensibles respecto a la jerarquía que ocupan como aviadores, y si él no había estado en la cima de la misma, la charla podría ponerse incómoda.

A lo largo de la velada pude obtener un poco más de información de mi nuevo conocido, pero, en general, Charlie parecía muy reticente a hablar de sí mismo. Estaba mucho más interesado en hablar de mí y de mi familia. Quería saberlo todo acerca de mis hijos, tanto del que estaba en la Fuerza Aérea como de los otros dos. Quedó impactado al saber que mi esposa y yo estábamos a punto de cumplir 40 años de casados, aunque me quedó más que claro que Dotty, su esposa, era el amor de su vida y que llevaban juntos un poco más de tiempo que nosotros. Me preguntó por mi trayectoria en la Armada y yo me enteré de que él había asistido a la Academia Naval antes de trasladarse a la Fuerza Aérea.

Para el momento en que nos sirvieron el postre, sentí que ya éramos buenos amigos. Su silenciosa confianza, naturaleza gentil e interés genuino en mí y en mi familia crearon una conexión inmediata, la cual a veces tarda varios años en generarse. Además, me recordaba mucho a mi padre. Su rostro era el de una persona contenta, reía con facilidad y era de lo más amable con todos los comensales sentados a la mesa.

Sin embargo, durante la cena en ningún momento se mencionó su apellido. Cuando terminé de cenar, me levanté de mi asiento y les di las gracias a Charlie y a Dotty por la encantadora velada. Antes de despedirse nos invitaron, a Georgeann y a mí, a ir a New Braunfels a visitarlos para alguna comida informal. Era un viaje que ansiaba hacer algún día.

Cuando descendíamos por las escaleras hacia el vestíbulo, Roger Staubach se me acercó y me dijo:

—Parece que Charlie y tú se la pasaron de maravilla.

—Sí, qué tipo tan agradable —afirmé.

—¿Te imaginas lo que debe haber sido? —me preguntó Staubach.

—¿A qué te refieres?

—A lo de la caminata en la Luna. Piénsalo. Solo 12 hombres en la historia de la humanidad la han hecho.

—Discúlpame, Roger, pero ¿de qué estás hablando?

—De Charlie. Charlie Duke —indicó.

—¿Qué hay con Charlie Duke?

Roger soltó una carcajada.

—¿No lo sabías?

—¿Saber qué?

—Charlie Duke fue el hombre más joven en caminar sobre la Luna.

Agaché la cabeza, completamente avergonzado. ¡Por supuesto! El general Charles Duke, de la Fuerza Aérea de Estados Unidos, el décimo hombre que puso el pie sobre la superficie de la Luna y, hasta la fecha, el más joven. Después de graduarse de la Academia Naval en 1957, Duke pidió su traslado a la Fuerza Aérea y se convirtió en piloto de pruebas. En 1966 lo aceptaron en el programa de astronautas. Duke fue la voz del Control de Misiones durante el primer alunizaje del Apolo 11. Como parte de la tripulación de respaldo del malhadado Apolo 13, Duke y sus compañeros astronautas, John Young y Ken Mattingly, trabajaron en el simulador para encontrar la manera de que los miembros de la tripulación original regresaran sanos y salvos a casa. Después, el 16 de abril de 1972, Duke y Young alunizaron en las Tierras Altas de Descartes, el punto más elevado de la Luna, y allí llevaron a cabo tres misiones en el *rover* lunar con el fin de explorar el área colindante.

—¿Sabes? —dije volteando a ver a Roger—, en ningún momento de la noche, durante toda la conversación, ni una sola vez mencionó el pequeño hecho, trivial e insignificante… ¡de que caminó sobre la Luna!

—No me sorprende —respondió Roger con una sonrisa—, es un hombre de lo más humilde.

Pero como habría de enterarme después, Charlie Duke se ganó la humildad a pulso. Después del alunizaje se convirtió en un héroe nacional. Con su recién adquirida celebridad vinieron los programas de televisión y radio con ofertas de grandes cantidades de dinero y una vida fácil. El atractivo de la fama y la fortuna ejerció presión considerable sobre su matrimonio y su familia. Pero todo eso cambió cuando Dotty se convirtió al cristianismo, cosa que Charlie también hizo poco después. Su fe les enseñó humildad y les ayudó a reconocer que en la vastedad del universo, en la incalculable complejidad de la naturaleza y en la épica cronología de la evolución humana, nuestros logros individuales más espectaculares, incluso el caminar sobre la superficie de la Luna, palidecen en comparación con las obras de Dios. En Mateo 23:12, Jesús dice: «Porque el que se ensalza será humillado y el que se humilla será ensalzado».

Pero la virtud de la humildad no solo se alaba en el cristianismo. El Corán también dice que «los siervos del Misericordioso son aquellos que caminan por la tierra humildemente». En el Antiguo Testamento, Proverbios 11:2, dice: «la sabiduría está con los humildes». Confucio nos enseña que «la humildad es el sólido fundamento de todas las virtudes». El hinduismo sostiene que «Solo los humildes saben cómo apreciar y admirar las buenas cualidades de los demás». Y Buda afirma que «No aprenderás nada de la vida si todo el tiempo crees que tienes la razón». Incluso el filósofo griego Sócrates tuvo la audacia de decir que era el hombre más sabio de toda Grecia porque sabía que, comparado con la divinidad, «la sabiduría del hombre vale poco, si no es que nada».

La humildad es la más simple de todas las cualidades heroicas que deben alcanzarse y, sin embargo, es la menos expresada. Ser humilde es reconocer que el intelecto propio, las fuerzas físicas propias y la riqueza propia palidecen al compararse con la vastedad, la complejidad, la riqueza, el poder y la grandeza del universo. Y si nos sentimos humildes por el lugar que ocupamos dentro del universo, es mucho más probable que veamos que nuestras diferencias son infinitamente pequeñas. Es mucho más probable que veamos que nuestro entendimiento es igual de imperfecto y que nuestro poder para superar incluso los retos más insignificantes se enfrenta a las mismas limitaciones. La humildad nace del respeto, tanto por aquello que no sabemos, como por aquello que no podemos ver con facilidad. Sin embargo, a partir de este enfoque humilde hacia la vida aumentan las probabilidades de que apreciemos la belleza que nos rodea, de que nos asomemos a un microscopio o que levantemos la vista hacia las estrellas y nos sintamos azorados, es más seguro que nos sintamos inspirados por los pequeños actos de bondad. Y también aumenta muchísimo la probabilidad de que tratemos a los demás como deseamos que nos traten a nosotros.

El poder de la humildad radica en que nos acerca unos a otros, y ese es el papel de los héroes: unir a las personas, no dividirlas. Sé humilde, te será de gran provecho.

EL CÓDIGO DEL HÉROE

Me esforzaré por ser humilde, por reconocer los límites de mi intelecto, de mi entendimiento y de mi poder.

CAPÍTULO TRES

Sacrificio

Yo estaba sentado en silencio cuando el hombre en el pequeño escenario empezó a hablar. Era alto y estaba vestido con saco y pantalones casuales, se veía en excelente condición física y tenía el porte militar que lo distinguía como exmiembro del Cuerpo de Infantes de Marina. Ya a mediados de sus setenta, el teniente retirado Patrick «Clebe» McClary, de la USMC, tenía un marcado acento sureño y una calva pálida ligeramente enrojecida por el sol. Recuerdo haber pensado que, si no hubiera perdido un brazo y se tuviera que cubrir el ojo izquierdo con un parche negro, lo más seguro es que seguiría en servicio activo. Pero como McClary dejó en claro casi de inmediato, no habría sobrevivido si no fuera por el sacrificio de un joven marine afroamericano en una colina de Vietnam en 1968, que actuó como un héroe y al hacerlo cambió varias vidas y le dio a toda una generación una nueva perspectiva acerca de la dignidad humana.

El sol ya se había puesto desde hacía mucho tras la Colina 146 en el valle de Quan Duc, en Vietnam, cuando aterrizó ahí el helicóptero que transportaba al pequeño equipo de reconocimiento de 15 efectivos. McClary, el oficial a cargo, descendió y de inmediato ordenó a sus hombres que se desplegaran y asumieran posiciones de combate. La colina, o lo que quedaba de ella, estaba cubierta de minas, trampas explosivas y las insidiosas fosas *punji*: hoyos profundos atestados de afiladas estacas de bambú con las puntas envenenadas. La Colina 146 era una posición estratégica en el valle, lo cual sabían tanto los marines como el ejército de Vietnam del Norte.

A lo largo del día siguiente, esta unidad de reconocimiento de la Infantería de Marina, conocida con el nombre clave de Texas Pete, siguió reforzando sus trincheras y preparándose para un posible ataque enemigo.

Justo al romper el alba del 5 de marzo de 1968, empezaron a llover cohetes provenientes de una considerable fuerza norvietnamita y del Vietcong. Desde el valle, zapadores enemigos con granadas y cargas de demolición afianzadas a sus pechos iniciaron un ataque suicida. McClary gritaba órdenes y pedía apoyo de artillería, al tiempo que corría de trinchera en trinchera mientras el Vietcong lanzaba el grueso de su ataque.

Desde su posición en las faldas de la colina, el soldado de primera clase Ralph Johnson y los dos otros marines que lo acompañaban entablaron combate contra el enemigo. Las fuerzas de avanzada del Vietcong rodearon su trinchera y desde ahí les lanzaban «cargas de morral», mochilas de lona atestadas de explosivos. Proyectiles de grueso calibre silbaban sobre sus cabezas haciendo un ruido ensordecedor al detonar. No pasó mucho tiempo para que la abrumadora fuerza enemiga empezara a converger sobre su posición.

—¡Granada! —gritó alguien a lo lejos y los tres marines se lanzaron al piso de manera instintiva.

Después de eso hubo una erupción de tierra a unos metros de distancia—. ¡Granada! —volvió a decir alguien, y de nuevo se escuchó una explosión, esta vez más cercana. El Vietcong ahora avanzaba con rapidez y a Johnson y los otros dos elementos se les estaban agotando las municiones.

McClary, cimbrado por una de las explosiones, saltó al interior de una de las trincheras, a poca distancia de Ralph Johnson. Mientras Johnson y sus compañeros seguían disparando contra la avanzada del Vietcong, una granada enemiga cayó con un sonido sordo junto a una de las botas de Johnson.

—¡Granada! —exclamó el soldado Ralph Johnson y, sin dudarlo siquiera, el marine de 19 años se lanzó sobre el artefacto para proteger de la explosión a sus compañeros de batalla. La granada destrozó su cuerpo y lo mató al instante. Impactados por su pérdida, e inspirados por el notable heroísmo de su compañero de armas, los marines de Texas Pete cobraron mayor fuerza, lanzaron un contraataque y resistieron hasta la llegada de los refuerzos.

La ladera de una colina en medio de Vietnam parecía un sitio improbable para transformar a Estados Unidos de América, pero después de la batalla de la

Colina 146 la noticia del sacrificio de Ralph Johnson se propagó con velocidad. Este joven marine afroamericano, nacido en el Sur profundo de Estados Unidos, con poca educación formal y criado bajo las leyes segregacionistas de Jim Crow, entregó su vida por sus compañeros de servicio.

Después de que se recuperó de sus heridas y de más de 30 intervenciones quirúrgicas, Clebe McClary se dedicó de lleno a viajar de pueblo en pueblo para contar la historia de Ralph Johnson. Hombres y mujeres de todas las edades y razas se enterarían de la forma en que este humilde joven de Charleston encarnó lo expresado en el Evangelio, en Juan 15:13, y dio la vida por sus amigos.

Por sus acciones de ese día, el soldado de primera clase Ralph H. Johnson recibió la Medalla de Honor de manera póstuma. Pero los reconocimientos a su sacrificio abarcarían más que recibir el honor más elevado de la nación, también abrirían los ojos de muchos de los estadounidenses que en la década de 1960 estaban atrapados en los conflictos raciales, quienes al enterarse del acto altruista del soldado al decidir salvar a sus compañeros marines a costa de su vida, comprendieron que todos los seres humanos, sin importar el color de nuestra piel, somos merecedores de respeto y de sacrificio.

El 28 de marzo de 2018 fue un día frío en Charleston. Me coloqué en firmes y puse la mano sobre mi corazón cuando la guardia de honor del Cuerpo de Infantes de Marina presentó la bandera y la banda tocó el himno nacional. Frente a mí, anclado frente al muelle, estaba el nuevo destructor de la Armada Marina de Estados Unidos, el *USS Ralph Johnson*. Había más de 5 000 asistentes, entre los que estaba Helen, la hermana de Ralph, y su familia extendida.

La tripulación del *Ralph Johnson*, en sus inmaculados uniformes azules, «dio vida a la nave» al apresurarse a sus puestos de combate para cuadrarse y saludar. Mientras el aire frío de principios de primavera soplaba por el embarcadero, los diferentes dignatarios, desde el exgobernador de Carolina del Sur hasta el comandante del Cuerpo de Infantes de Marina, empezaron a dar sus discursos. Fue difícil no sonreír al ver los cambios logrados y al sentir su respeto por Ralph Johnson, y al saber que ahora éramos una mejor nación gracias a él.

Como parte de sus comentarios, Tim Scott, primer senador afroestadounidense por el estado de Carolina del Sur, afirmó que Ralph Johnson «dejó un legado que debería durar por toda la eternidad. Nos dejó una visión que cada uno de nosotros debería adoptar… que juntos somos mejores. Estuvo dispuesto a sacrificar su vida por una causa mayor a sí mismo. Es la esencia del servicio por encima de uno mismo. Nuestros verdaderos héroes provienen de la nada, pero vivirán por siempre en nuestro corazón, nuestra mente y, esperemos, también en nuestras acciones».

Ralph Johnson estuvo dispuesto a dar la vida por una causa noble: no la guerra de Vietnam, sino el amor y la amistad de aquellos que sirvieron junto a él. Ese singular y breve acto de heroísmo en una colina tan, tan alejada, cambió para siempre la vida de sus compañeros marines y dejó un legado que perdurará por siempre.

Sin embargo, en el caso de la mayoría, nuestros sacrificios no se dan en un deslumbrante momento de valentía extraordinaria. Para la mayoría de nosotros, el sacrificio se manifiesta por medio de pequeños actos de entrega que se suman unos a otros a lo largo del tiempo para convertirse en algo digno de admiración, en algo notable: por ejemplo, el de la madre soltera que tiene dos trabajos para poder darles a sus hijos todo lo que necesitan, el del maestro que se esfuerza por ayudar a un alumno con dificultades para aprender, el del policía que funge como entrenador para un equipo juvenil y el del niño que cuida de su padre enfermo. Lo que hace tan heroicos tales sacrificios es que no hay muchedumbres entusiastas que te los agradezcan, ni te dan premios ni palabras gloriosas para reconocer tu valentía. No ganas nada más que la certeza de que tus acciones fueron nobles, actos de gracia que hiciste sin esperar que se te agradecieran.

Todos estos sacrificios son una inversión en la humanidad y, como cualquier inversión, si se acumulan a diario te harán inmensamente próspero algún día. No será el tipo de riqueza que puedas gastar, sino el tipo que te hará rico: rico en gratitud, en satisfacción y en aprecio.

Aprender a sacrificarse es fácil. Empieza dando un poco de ti día con día. Dales un poquito de tiempo a tus amigos, dona lo que puedas a una causa noble, dale amor a tu familia. A diario, sin falta, da un poco de ti. Después de esto el dar se convertirá en un hábito, en una parte de tu carácter. En un mes, en un año, en una década, a lo largo de toda una vida, todo ese sacrificio se acumulará para generar algo especial. Si lo haces, el sacrificio se convertirá en una bendición, en una recompensa, en una magnífica obsesión; y no habrá carga que sea demasiado pesada, a lo cual se suma que dejarás un legado merecedor de respeto y de admiración. Serás un héroe.

EL CÓDIGO DEL HÉROE

Aprenderé a sacrificarme dando a aquellos que lo necesiten, todos los días, sin falla, un poco de mi tiempo, mi talento y mis bienes.

CAPÍTULO CUATRO

Integridad

No todas las lecciones importantes de mi vida las aprendí en el campo de batalla...

Al apresurarme por el largo corredor del Pentágono, con montones de papeles bajo el brazo, traté de no parecer demasiado ansioso. Era mi primer día en una nueva comisión. Me estaba dirigiendo a una reunión en el afamado Anillo «E», donde estaban las oficinas de todos los hombres y mujeres poderosos del edificio: el secretario de Defensa, el presidente y vicepresidente de la Junta de Jefes del Estado Mayor, y todos los almirantes y generales de cuatro estrellas; el sitio en el que se tomaban las decisiones que afectaban el destino del mundo entero.

Vestido con mi uniforme blanco de verano de la Armada, caminé confiado frente a un oficial de alto rango, quien sonrió y me saludó con un movimiento de cabeza, como si recordara los días en que había sido un joven e inexperto teniente, ansioso por hacer alguna diferencia.

Al fin, después de detenerme de vez en cuando para revisar los números de las diferentes puertas, llegué al salón de conferencias. Abrí la puerta con cautela, me asomé al interior y allí estaba mi jefe, el capitán Ted Grabowsky.

—Bien, excelente. Dame esas diapositivas —dijo, sin siquiera levantar la mirada.

—Sí, señor —respondí entregándole el montón de papeles y diapositivas que traía conmigo.

Después de barajearlas sacó las 10 gráficas principales, las levantó hacia la luz y masculló algo para sí mismo.

—Bien, excelente —repitió.

Grabowsky no era el SEAL de la Armada que se ve en las películas de Hollywood. Era de baja estatura, usaba lentes, cojeaba a causa de un accidente de planeador y entrecerraba los ojos al hablar. Era parlanchín y podía ser de lo más descortés y demandante, pero también era brillante, perspicaz, trabajador e increíblemente tenaz. En un momento dado logré ganarme su respeto, por lo que solicitó que lo acompañara en el Pentágono.

Poco después, una multitud empezó a reunirse. Oficiales y civiles de todo el edificio estaban allí para discutir el presupuesto de los SEAL de la Armada para los próximos dos años. La guerra de Vietnam había finalizado y el dinero escaseaba. La Guerra Fría estaba en su apogeo y muchos cuestionaban si era necesario continuar con los comandos de la Armada. Sin un presupuesto sólido, y sin dinero para el entrenamiento y para construir instalaciones más modernas, nuestro futuro parecía funesto.

Una vez que todos estuvieron sentados, esperamos la llegada del jefe de jefes.

—¡Atención en cubierta! —se oyó cuando el almirante entró a la habitación.

—Descansen —indicó enseguida.

El vicealmirante Joe Metcalf era la quintaesencia del rudo capitán de mar. Se había ganado a pulso su reputación como guerrero duro, obstinado, pragmático y fumador de puros. Era un veterano de Vietnam que más adelante, en 1983, lideró la invasión de

Granada, el país antillano, por parte de los estadounidenses; intimidaba a las personas y parecía que eso lo hacía sentir bastante orgulloso.

—Está bien, Ted —espetó Metcalf mientras masticaba un puro apagado—, terminemos con esto.

—Sí, señor —respondió Grabowsky.

Una vez que Grabowsky inició su exposición, miré hacia la hoja de cálculo que detallaba el dinero que se necesitaría para mantener a los SEAL en operaciones. Iba a ser difícil conseguirlo, cada dólar que se asignara al presupuesto de los SEAL se restaría de las partidas asignadas a los pilotos de caza, los pilotos navales y los submarinistas. Nadie deseaba tener un cuerpo de combatientes de jungla de la era de Vietnam en un momento en que Reagan estaba tratando de aumentar a 600 los navíos de la Armada. Si no llevabas contigo una bomba con cabeza nuclear para pelear en contra de los soviéticos, no tenías gran valor para el Pentágono.

Metcalf protestaba haciendo ruidos y levantando los ojos al cielo cada vez que Grabowsky explicaba una de las diapositivas. Los contadores, que también estaban presentes en la habitación, tomaban notas y después de hacer sus cálculos sacudían la cabeza de un lado a otro, estábamos perdiendo la batalla presupuestaria.

Finalmente, Grabowsky terminó de hablar y la habitación quedó en silencio.

Después de haber rumiado la última pulgada de su puro, el almirante se levantó y se colocó al frente de la larga mesa.

—Mira, Ted —gruñó—. Quiero ayudarte, pero ¿de verdad necesitas todo ese dinero? —Se sacó el puro de la boca y, con el trozo que le quedaba, señaló la gráfica que se veía en la pantalla—. Es que, vamos, ¿qué tantos cartuchos disparan los SEAL? ¿Y qué me dices de estos minisubmarinos? ¿De verdad necesitan seis de ellos?

Si bien yo era nuevo en el Pentágono, comprendía la forma en que tenía que llevarse a cabo el juego de los recursos. Quien informa de las cifras jamás puede retractarse. Quedaba implícito que antes de presentar el presupuesto habías hecho hasta lo imposible por reducirlo a su mínima expresión, porque de lo contrario jamás te atreverías a pararte frente a un almirante de tres estrellas para pedir esas cantidades de dinero.

Grabowsky hizo una pequeña pausa.

—Señor, tiene usted toda la razón —asintió—. Podemos hacer algunos recortes en los pertrechos y hablaré con los equipos SEAL para que se conformen con solo tres minisubmarinos en vez de seis.

Todos los contadores que estaban en la habitación se quedaron pasmados. De repente, empezaron a analizar la hoja de cálculo y a consultar cosas entre sí. Metcalf los miró esperando su respuesta y ellos asintieron en señal de aprobación.

—Está bien —anunció Metcalf—. Si puedes hacer que esto funcione, les permitiré seguir dando la batalla. —Emitió una seca carcajada, le dio un apretón de manos a Grabowsky y abandonó la sala de conferencias. Detrás de él salieron los cuentachiles.

Acabábamos de perder millones de dólares del presupuesto y Grabowsky no parecía turbado en lo absoluto.

—Señor, sé que este es mi primer día —dije—, pero me da la impresión de que nos acaban de dar una paliza.

Grabowsky sonrió.

—Al contrario. Acabamos de sobrevivir una emboscada en L, estábamos flanqueados por el enemigo y salimos victoriosos.

—¿¡Cómo!?

—Mira, Bill. Los contadores ya sabían que podíamos sobrevivir sin el dinero asignado a municiones y en definitiva esperaban que pudiéramos sobrevivir sin tres minisubmarinos adicionales. Si hubiera protestado demasiado, nuestra credibilidad hubiera quedado en entredicho.

Con un ademán, me indicó que tomara asiento.

—Si deseas sobrevivir en este edificio debes seguir una regla.

Me acerqué a él, deseoso de enterarme del secreto del Pentágono.

—Jamás debes mentir, ni distorsionar la verdad. Si lo haces, te pescarán y ya no me servirás de nada. Nadie confiará en ti y, sin confianza, nos será imposible hacer nuestro trabajo.

Hizo una pequeña pausa mientras recogía los papeles que restaban.

—Esa es mi Regla de Oro. Jamás la olvides.

Durante los siguientes tres años que pasé en el Pentágono, y los 25 que serví después en la Armada, jamás olvidé la «Regla de Oro» de Grabowsky: la relación entre la honestidad y la confianza. La honestidad no solo tenía que ver con la rectitud moral, suponía una propuesta de valor. Si eras honesto y las personas confiaban en ti, te ponían a cargo de los trabajos importantes, depositaban su confianza en ti en cuanto al manejo de su dinero, te confiaban su reputación, su amistad, su familia y su vida. Incluso si no les agradabas o si no estaban de acuerdo contigo, sabían que serías recto y digno de confianza.

La honestidad es la piedra angular de la integridad, los cimientos sobre los que se basan todos los demás aspectos de tu carácter. Pero la honestidad por sí sola no basta para que se te conozca como una persona íntegra, esto requiere de acción y de que demuestres tu fibra moral. Debes verte confrontado con un dilema ético, el cual consiste en elegir entre un camino escabroso, desigual e inseguro, y otro llano, recto y cómodo. El primero pondrá a prueba tu entereza, el otro te ofrecerá una salida fácil. Uno está colmado de dificultades y dolores temporales, el otro es rápido y sencillo. Pero al final, si eliges el arduo camino menos transitado, el que siguieron los virtuosos, tu travesía te hará más fuerte, más resiliente y más capaz de avanzar por los otros difíciles caminos de subida con los que te encontrarás en tu senda hacia la cima. Por el contrario, el segundo camino, el fácil, te dejará mal preparado para los desafíos de la vida.

Mi madre, una maestra de escuela del este de Texas, trabajó arduamente toda su vida con el fin de moldear mi carácter. A menudo me contaba historias de grandes actos de integridad como ejemplos que debía emular. Su favorito era el relato del patriota estadounidense que llegaría a ser presidente, John Adams, quien defendió a los soldados británicos después de la Masacre de Boston.

El 5 de marzo de 1770, una turba de 300 colonos rodeó y amenazó a un pequeño contingente de casacas rojas. Cuando la tensión llegó al punto máximo, los soldados británicos abrieron fuego contra la muchedumbre, matando a cinco de los colonos estadounidenses. Los habitantes de Boston enfurecieron y amenazaron con linchar a los soldados asesinos. Se ordenó que se les sometiera a juicio, pero nadie quería tomar el caso por temor a ser linchados junto con los británicos.

A pesar de las amenazas y del impacto que el hecho pudiera haber tenido sobre su reputación tanto personal como profesional, John Adams aceptó el cargo de defensor de los británicos. Lo que argumentó en defensa de los soldados fue que, si los estadounidenses deseaban demostrar que eran merecedores del autogobierno, debían darles un juicio justo a los acusados. Al final el jurado declaró inocentes a los británicos alegando que actuaron en legítima defensa. La disposición de Adams de colocar los intereses de la justicia por encima de los suyos ayudó a forjar el sistema legal estadounidense y reforzó la reputación que tenía de ser un hombre de integridad absoluta.

La lección de John Adams no pasó desapercibida para mí. A lo largo de los años con frecuencia enfrenté situaciones en las que mis propios intereses y mi necesidad de autopreservación entraron en conflicto con hacer lo correcto. Espero que mi madre se haya sentido orgullosa de mis elecciones.

Ser una persona íntegra, vivir acatando las reglas, las leyes, lo que uno sabe que es correcto, es difícil. Con frecuencia te obliga a luchar en contra de tus tendencias naturales de pertenecer al rebaño, contra tu deseo de seguir la corriente, de llevarte bien con los demás, de ser del agrado de los otros miembros del grupo.

Es difícil porque, a diferencia de los héroes de las historietas, los humanos, hombres y mujeres, no somos de acero, no contamos con armaduras para protegernos y no tenemos poderes sobrenaturales.

Es difícil porque a los humanos la vida nos coloca con frecuencia en posiciones aparentemente insostenibles, y porque el bien y el mal siempre estarán en conflicto.

Es difícil, y me atrevería a decir que habrá veces en que falles. Y cuando eso suceda, cuando no logres hacer honor a tu integridad, tendrás náuseas, no podrás dormir y te sentirás tan atormentado que te prometerás que jamás volverás a hacerlo.

Ser un héroe jamás será fácil, y lo que forja a los verdaderos héroes son sus vacilaciones y su capacidad para sobreponerse a ellas. Y sin importar lo feroces que puedan ser tus crisis internas, todo el mundo creerá en ti, las personas te seguirán y permitirán que las salves, siempre y cuando sepan que eres honesto, digno de confianza, íntegro y de palabra. Jamás temas al camino escabroso, desigual e inseguro: en él encontrarás a las personas, hombres y mujeres, íntegras. Ahí encontrarás a los héroes.

EL CÓDIGO DEL HÉROE

Seré una persona íntegra, cada decisión que tome y cada acción que lleve a cabo serán morales, legales y éticas.

CAPÍTULO CINCO

Compasión

A través de la pequeña ventana de plexiglás podía ver al soldado armado que estaba montando guardia fuera de la habitación en donde estábamos. Sabía que había otro soldado apostado frente a la otra puerta, y entre cinco y diez más emplazados en posiciones estratégicas alrededor del área del comedor. Aunque la Base Aérea de Bagram en Afganistán era razonablemente segura, la amenaza interna de un terrorista suicida jamás dejaba de ser una posibilidad.

Dentro de la habitación había charolas de alimentos en mesas plegables dispuestas en un largo rectángulo que permitían que los 20 generales comieran al tiempo que escuchaban al comandante del Mando Central de Estados Unidos, el general John Abizaid. Como único almirante de una estrella del grupo y uno de los oficiales subalternos, me senté en el extremo más lejano del rectángulo cuando Abizaid empezó a hablar. Era una conferencia improvisada entre los comandantes y estábamos empezando a discutir la estrategia para el año siguiente. Estas eran discusiones importantes y trascendentales, de alto nivel, que tendrían un efecto significativo sobre el futuro de las fuerzas armadas de Estados Unidos que estaban en el territorio en guerra.

Mientras comía una hamburguesa y frijoles rancheros, traté de mantenerme atento a lo que decía Abizaid. Como el oficial notable que era, Abizaid tenía ese porte y sentido de autoconfianza que provienen de haber estado al mando la mayor parte de tu vida adulta. No toleraba a las personas insensatas, sin embargo, aunque su trato siempre era profesional, en ocasiones también se hacía presente su lado liviano. Pero estos eran tiempos solemnes y Abizaid estaba en medio de una discusión importante. Sentado a la cabecera de la larga mesa, estaba señalando a los diferentes oficiales para que cada uno de ellos hablara del papel que desempeñaba su unidad en la estrategia general.

Justo cuando estaba terminando de comer, vi que la puerta de la habitación se abrió lentamente y, de manera discreta, entró el asistente militar de Abizaid. El general estaba en medio de un asunto importante cuando su asistente se acercó a él. No quiso interrumpirlo y solo se quedó parado en silencio cerca de su hombro derecho esperando a que se desocupara. Por fin, Abizaid se detuvo y volteó hacia él.

—¿Qué? ¿Qué pasa?

Evidentemente incómodo por lo que tenía que decir, el asistente de Abizaid le susurró algo al oído.

—¿Cómo? ¿En este momento?

—Sí, señor, está justo afuera.

—¿Y quién dices que es este tipo?

El asistente volvió a murmurarle algo.

—Está bien, pídele que pase —concedió Abizaid, molesto.

Momentos más tarde, la puerta del comedor se abrió de par en par y entró un hombre en ropa de civil. Era más que evidente que su presencia estaba totalmente fuera de lugar en Bagram. Al dar un vistazo a la habitación, el civil pareció impactado al ver a tantos generales.

—¿Quién está a cargo aquí? —cuestionó con un tono de voz que revelaba que estaba nervioso—. ¿Con quién puedo hablar?

Los generales sentados alrededor de la mesa rieron con discreción. Abizaid, ahora con una sonrisa en el rostro, respondió.

—Pues supongo que ese soy yo. ¿Qué puedo hacer por usted?

—¿Es usted el jefe?

De nuevo se escucharon algunas risas apagadas.

—Todo depende. ¿Qué necesita?

El civil se trasladó a la cabecera y se detuvo junto a Abizaid. Era evidente que se sentía incómodo y que se estaba esforzando por disimularlo.

—Bueno. Me llamo Gary Sinise. Soy actor.

Todos los que estaban en la habitación se miraron unos a otros. Llevaban cierto tiempo en la guerra y el nombre y rostro del actor no les era de lo más familiar que digamos.

—Representé el papel del teniente Dan en la película *Forrest Gump*.

Ahora varias cabezas estaban asintiendo. «Claro. Conocemos a este tipo. Hizo un buen papel. ¡Excelente!».

—¿Y qué puedo hacer por usted, señor Sinise? —preguntó Abizaid.

—Pues mire, general, necesito un avión C-130. ¿Puede conseguirme uno?

Otra vez se escucharon algunas risas disimuladas.

—Tal vez —contestó Abizaid, con una sonrisa de desconcierto dibujada en su rostro—. ¿Y para qué lo necesita?

—General, tengo diez *pallets* de materiales escolares que quisiera darles a los niños de Afganistán y no tengo manera de hacérselos llegar.

Los ojos de Abizaid se abrieron un poco más.

—¿Y de dónde sacó los materiales? —quiso saber.

—Los compré, señor. Es parte de un esfuerzo llamado Operación Niños Internacionales.

—Perdón, señor Sinise, déjeme ver si le estoy entendiendo. Usted compró materiales escolares para los niños de Afganistán ¿y vino hasta acá para entregarlos?

Sinise se mostró perplejo.

—Pues sí, señor. Los niños los necesitan y pensé que yo podría ayudar a conseguirlos.

—¿Sabe que estamos en medio de una guerra? No es el sitio más seguro que digamos para un civil.

Sinise dio un vistazo a los hombres en uniformes camuflados que estaban en la habitación.

—Lo sé perfectamente, señor, pero los niños necesitan esos materiales escolares, de lo contrario tendremos a toda una generación de afganos sin una educación apropiada.

Para ese momento las risas en la habitación se habían transformado en sonrisas.

—Pues, entonces, señor Sinise, le diré algo. Haré lo que pueda para conseguirle ese C-130 —aseguró Abizaid.

—Se lo agradezco, general. Y mis más sinceras disculpas por la interrupción.

—No tiene de qué disculparse, señor Sinise. Fue una interrupción de lo más bienvenida.

Abizaid se puso de pie, y con una gran sonrisa le dio un fuerte apretón de manos a Gary Sinise. Después de tomarse rápidamente algunas fotos con la gente que estaba en el lugar, el actor se retiró.

Cuando la puerta se cerró a sus espaldas, el ambiente en la habitación cambió por completo.

Es fácil hastiarse a causa de la guerra, te hastía tanto que te vuelves insensible ante la injusticia, el dolor, la pérdida de vidas, la pérdida de futuro. Te dices que no puedes llorar por cada persona que muere, que no puedes lamentarte por todos los males que hay en el mundo. De modo que entierras en un sitio muy profundo de tu interior la incomodidad que te produce la guerra y la rodeas con todas las barricadas emocionales que puedes. Impides por todos los medios que esos sentimientos de lástima y desilusión salgan a flote, porque si lo hacen aplastarán al guerrero que llevas dentro, debilitarán tu temple y tu determinación a aplastar al enemigo. Pero de vez en cuando ves un acto de bondad y de caridad que te hace añorar los días en que no tenías que ocultar tu compasión, tu misericordia o tu tristeza; cuando podías echar vivas por los buenos, sonreír ante los pequeños actos de humanidad y sentirte orgulloso de los misericordiosos. Al cabo de algunas horas, Gary Sinise consiguió su C-130 y los materiales escolares llegaron a cientos de niños afganos.

Algunos años después, cuando fui a visitar a uno de mis soldados heridos en el hospital Walter Reed, al entrar a una habitación vi a Gary Sinise, quien estaba con su hija. Había llegado sin anuncio previo y sin fanfarrias para llevarle regalos a un soldado que no conocía. A lo largo de la década siguiente, cada vez que visitaba un lugar me enteraba que Gary había estado allí y había dejado su marca, cuidando de los soldados y sus familias. A través de su fundación, la Lt. Dan Band (Banda del Teniente Dan), ha reunido millones de dólares para auxiliar a los heridos y a las familias de los caídos. Lo que hace que sus acciones sean tan especiales es la sinceridad de su entrega y su compasión ilimitada. Cada apretón de manos es un vínculo de amistad, cada abrazo es una promesa de apoyo. Cada sonrisa es genuina. La influencia de un solo hombre y su inagotable fuente de caridad y benevolencia ha cambiado la vida de muchísimas personas.

Cuando era niño, a mi mamá le fascinaba contarme la historia de la Cafetería de North Platte. Se trataba de un sitio ubicado en un pequeño pueblo rural de

Nebraska, una de las paradas de descanso en la red ferroviaria de la Union Pacific Railroad, que transportaba a los soldados desde la Costa Oeste hasta las embarcaciones de guerra que se dirigían a Europa durante la Segunda Guerra Mundial. Un día una joven decidió hacer algunos sándwiches para los soldados que se encontraban a bordo del tren. Su acto de generosidad fue tan bien recibido que no pasó mucho tiempo para que toda la población de North Platte se volcara a ofrecer comida, regalos, tarjetas, cartas, uno que otro baile, dinero y cualquier otra cosa que ayudara a los soldados en su camino hacia la guerra. A lo largo de los siguientes cuatro años, los pobladores atendieron a más de seis millones de soldados, cada uno de los cuales nunca olvidó la enorme amabilidad de los lugareños. Imagina el efecto que esa bondad tuvo sobre los esfuerzos de guerra.

Yo mismo fui testigo de enormes actos de compasión casi a diario durante mi época como uniformado y aun después: los realizados por los miembros de la Cruz Roja que ayudaron a las víctimas del terremoto que sacudió a Paquistán en 2008 y durante el tifón que arrasó con las Filipinas en 2013; por los médicos que prestaron su tiempo como voluntarios para cuidar de los heridos de Yemen; por las organizaciones caritativas que les ofrecieron alimentos a los desposeídos del Congo; por los vecinos que velaron a los héroes caídos a lo largo y ancho del país; por los pasajeros que echaron porras ante la llegada de un Honor Flight, un vuelo de honor que una organización sin fines de lucro costea para transportar a Washington D. C. a los veteranos con el fin de que visiten los memoriales de la guerra que se construyeron en su honor; por los miles de actos de bondad de parte de los soldados hacia los habitantes de aldeas en Afganistán e Irak; por las personas de todo nivel socioeconómico, raza y credo que ayudaron a otras durante la devastación del huracán *Harvey*. Cada uno de esos actos, grandes o pequeños, está destinado a evidenciar nuestra humanidad común; son un reconocimiento de que todos somos merecedores de alguna muestra de respeto, de alguna muestra de amor.

La ciencia nos dice que ciertas acciones de entrega hacen que nuestro cerebro secrete una hormona que genera sentimientos de bienestar, pero la realidad es que no necesitamos a la ciencia para saber que llevar a cabo actos de caridad nos hace sentir bien con nosotros mismos. La mayoría de nosotros nos damos cuenta desde la infancia de que «dar es mejor que recibir». Pero ¿a qué se debe que sea así? ¿Cuál es la razón? Creo que es porque… forma parte de lo que nos hace humanos. El hecho es que ninguna sociedad puede sobrevivir por largo tiempo si los individuos, familias, comunidades, estados y naciones no desarrollan lazos poderosos entre ellos: por ejemplo, vecinos que les prestan ayuda a sus vecinos, comunidades que se unen en momentos de necesidad, donde cada acto fortalece la trama de la sociedad y, al hacerlo, da lugar a la supervivencia de la especie. Si perdemos nuestro sentido de caridad, de bondad, de compasión, si nos volvemos insensibles ante los problemas de los demás, no sobreviviremos por mucho tiempo como especie.

Algunas personas experimentan un poderoso deseo de dar, sienten el dolor de los demás, y empatizan con quienes están perdidos y en desgracia. Son personas compasivas por naturaleza. Todos conocemos a alguien así, pero la mayoría necesitamos ir en busca de ese deseo de bondad. La vida puede hacernos egoístas, sesgar nuestras prioridades hacia el trabajo, la riqueza y la imagen. Nuestro carácter, y las cualidades que nos hacen más humanos, más capaces de adaptarnos bien a la sociedad, pueden verse minados por las necesidades superfluas creadas por la modernidad. Por fortuna no es difícil arreglarlo, basta con donar y compartir lo que tenemos: dinero para las personas sin hogar, una hora de nuestro tiempo para colaborar en un comedor de beneficencia, una comida para el bazar de la iglesia, un gracias a los soldados que regresan a casa, o cualquier otro pequeño acto de bondad que temple nuestro carácter, fortalezca nuestra alma y nos mantenga conectados con el resto del mundo.

EL CÓDIGO DEL HÉROE

Seré amable y compasivo con al menos una persona cada día de mi vida sin esperar nada a cambio.

CAPÍTULO SEIS

Perseverancia

El hombre con la arrugada bata blanca parecía un actor haciendo de Einstein en alguna película. Su largo cabello gris estaba despeinado, no se había afeitado en varios días y tenía esa mirada lejana que parecía indicar que estaba pensando en algo muy importante.

—Jim, Jim —lo llamé en un intento por conseguir su atención.

Al escuchar mi voz, sonrió y estiró una mano en mi dirección.

—Ah, canciller. Qué gusto verte. ¿Cómo has estado?

El doctor Jim Allison siempre parecía estar de buenas, y por lo general daba la impresión de estar rumiando algo relacionado con el siguiente magno descubrimiento de la ciencia. Mientras esperábamos en el salón del hotel Hyatt a que llegara la hora de la comida para que comenzara su presentación, me incliné para decirle al oído algo que no quería que nadie más escuchara.

—Jim, acabo de recibir una mala noticia. —Hice una pausa—. Se comunicaron conmigo del *Dallas Morning News* y me informaron que eligieron a alguien más como el Texano del Año de 2016. De veras lo siento. Después de todos tus logros en medicina estaba convencido de que eras tú quien merecía el nombramiento.

—¡No lo sientas para nada! —respondió—. Tu carta de nominación fue fantástica y ¡adivina qué! —Allison sonrió como adolescente con coche nuevo—. Me hablaron de la banda de Willie Nelson. Vieron tu carta en el periódico, la parte en la que dijiste que toco la armónica.

Su sonrisa se hizo todavía más grande.

—Acaban de invitarme a subir al escenario para tocar con ellos.

—¡Eso es fantástico! —exclamé.

—Así es, canciller, pero debo decirte algo. Estoy de lo más nervioso. Después de todo ¡estamos hablando de Willie Nelson!

No pude evitar soltar una carcajada interna. ¿Estamos hablando de Willie Nelson? Pues, Willie, pensé, este es Jim Allison y va a salvar al mundo del cáncer.

James Patrick Allison nació en Alice, Texas, en 1948. Fue un chico revoltoso con dos hermanos mayores, siempre se metía en líos adolescentes. Era testarudo y le encantaba desafiar la autoridad. Su padre era médico rural y se la pasaba viajando de visita en visita. Su madre era una amorosa ama de casa y cuidaba de los muchachos de manera excelente. Trágicamente, falleció de linfoma cuando Jim apenas tenía 11 años de edad y tiempo después sus dos hermanos también sucumbieron a esa misma enfermedad. Aunque todas esas pérdidas fueron devastadoras para Jim, lo impulsaron a iniciar su larga cruzada para encontrar la cura del cáncer.

Después de terminar la preparatoria, a los 16 años de edad, Allison se matriculó en la Universidad de Texas en Austin. No era el típico *nerd* dedicado a las ciencias. A Jim le fascinaba irse de parranda a los antros locales para tocar su sempiterna armónica, pero la ciencia era su pasión. Cuando no estaba de juerga, estaba metido en el laboratorio. Fue en los laboratorios de la Universidad de Texas en donde empezó a estudiar las células T, las células del cuerpo humano que atacan y matan a los virus. Se le ocurrió que el sistema inmunitario humano podía ser un arma para combatir el cáncer. Por años se dedicó a desarrollar esta idea radical al tiempo que estudiaba e investigaba cada aspecto del sistema inmunitario y su efecto sobre los tumores. Estaba tan embelesado por el prospecto que el tema de su tesis doctoral fue la manera en que las bacterias ayudan a reforzar el sistema inmunitario para que pueda luchar contra la leucemia infantil. La mayor parte de la comunidad médica consideraba que el concepto de utilizar al sistema inmunitario para atacar al cáncer era una pérdida de tiempo, pero Allison persistió.

—La enseñanza más importante que aprendí en el laboratorio es que es esencial ser perseverante. No dejarse decepcionar al grado de detenerse… sino superar la decepción y seguir trabajando. —Esa sería la actitud que habría de definir el resto de su trayectoria profesional.

Después de recibir su doctorado en 1973, Allison se dirigió a la Scripps Clinic en California y, más tarde, en 1977, regresó a Texas para trabajar en el MD Anderson Cancer Center. Allí siguió enfocándose en las células T como el medio con el que posiblemente se podría atacar a las células cancerosas.

En 1985, Allison se mudó a Berkeley, California, donde sus investigaciones determinaron que las células T contenían un receptor en su superficie, el cual era como una especie de reborde o brazo que, al conectarse con una célula sana, fungía como «un mecanismo de frenado» que impedía que la célula T la matara. Sin embargo, las insidiosas células cancerígenas sabían con exactitud dónde estaba localizado el receptor y podían engañar al sistema inmunitario para que pensara que eran benignas. Allison creía que si podía evitar (con un anticuerpo) que el cáncer bloqueara al receptor, las células T podrían identificar al cáncer como maligno y destruirlo. La clave era encontrar cómo controlar el mecanismo de frenado para que las células T pudieran atacar a las células cancerosas sin matar a las sanas.

En 1995, Allison inyectó a una docena de ratones con células cancerosas tumorales y después les administró el anticuerpo que, esperaba, evitaría que el cáncer bloqueara el receptor de las células T. Por desgracia, cuando varios días después examinó a los ratones, sus tumores habían crecido. Desalentado por estos resultados, supuso que su experimento había fracasado; no obstante, solo dos días después de ese primer examen, los volvió a examinar y se llevó la sorpresa de que casi todos los tumores se habían desvanecido. ¡Tales resultados se consideraban imposibles! Sus colegas quedaron asombrados ante sus datos. Nunca jamás se había visto una recuperación tan espectacular en tan poco tiempo.

Seguramente toda la comunidad científica se apresuraría a adoptar estos nuevos hallazgos y no pasaría mucho tiempo para que estuviera disponible un tratamiento que salvara la vida de todos los enfermos de cáncer. Claro que sí. Por supuesto…

¡Por supuesto que no!

Durante los siguientes 15 años, Jim Allison luchó por dar a conocer su descubrimiento al mundo entero, sin embargo, la comunidad científica no mostró el entusiasmo que había esperado. Todos los intentos anteriores por aprovechar el sistema inmunitario para curar el cáncer solo habían obtenido un éxito reducido. Muchos creían que los datos de Allison no eran más que «un montón de disparates». Además, las grandes empresas farmacéuticas habían sufrido importantes reveses al dedicar cientos de millones de dólares y años para el desarrollo de diversos medicamentos que tuvieron un éxito muy limitado. A donde volteara Jim, se topaba con un no. «No, no le daremos fondos. No, no invertiremos en años de ensayos clínicos. No, no creemos que sus datos sean lo bastante sólidos. ¿Y qué es lo que no entiende de la palabra no?». Pero Allison seguía confiando en sus datos.

Jim estaba obsesionado con lograr que su tratamiento llegara al mercado. «Creo que cualquier gran cambio disruptivo que uno trate de impulsar requiere de cierta tenacidad», dijo. Esa persistencia empecinada, esa capacidad de perseverar a pesar de cada desafío al que se enfrentó, fue la diferencia entre el éxito y el fracaso.

Al fin, después de años de batallar para obtener algún tipo de apoyo, Bristol Myers Squibb accedió a financiar ensayos con humanos. Uno de los primeros ensayos clínicos del doctor Allison se llevó a cabo con una joven de 23 años de edad que había estado luchando contra un melanoma metastásico. El cáncer se había propagado a su hígado y cerebro. Antes del ensayo clínico se había sometido a tres diferentes tipos de quimioterapia y de radiación para combatir el tumor en su cerebro. Nada funcionó. Su cuerpo se estaba deteriorando y su pronóstico era desalentador. En 2006 se le administró el fármaco experimental de Allison. Al cabo de algunos días empezó a sentirse mejor y, después de una semana, las imágenes que tomaron de su cerebro revelaron que el tumor ya no estaba. ¡Había desaparecido por completo! Catorce años después, sigue estando libre de cáncer.

En 2011, la Administración de Alimentos y Medicamentos (FDA, por sus siglas en inglés) aprobó el medicamento de Allison, el ipilimumab (ipi), para su uso en el combate contra el cáncer. Desde ese momento, más de un millón de pacientes han sido tratados con él y, aunque no los ha curado a todos, cientos de miles de personas están vivas hoy en día porque Jim Allison se negó a darse por vencido.

Déjenme repetir eso último: ¡cientos de miles de personas están vivas hoy en día! Su perseverancia rindió frutos.

En 2017, Jim Allison subió al escenario del festival de música Austin City Limits, sacó una armónica del bolsillo trasero de su pantalón y se unió a Willie Nelson en su interpretación de «Roll Me Up and Smoke Me When I Die» («Fórjame y fúmame cuando muera»). Doce meses después subió a otro escenario en Estocolmo, Suecia, esta vez para recibir el Premio Nobel de Medicina.

Creo que la historia nos ha demostrado que el éxito no es solo el resultado de la inteligencia o la fuerza, del talento o el intelecto, de la capacidad o el ingenio, sino también de la perseverancia. Una persona podría ser genial, pero si no es tenaz es solo alguien con una idea brillante. La proeza atlética sin determinación no es más que otro talento desperdiciado. El mundo está colmado de hombres y mujeres que no llegaron a nada porque renunciaron a seguir luchando para hacer realidad sus sueños: porque no tuvieron las agallas, la determinación y la fuerza de voluntad para seguir adelante sin que nada más importara. Pero la historia también está repleta de héroes que lucharon contra desafíos, que perseveraron y que hicieron una diferencia.

George Washington tuvo más derrotas que triunfos en batalla. Abraham Lincoln perdió ocho elecciones antes de ganar la presidencia. Thomas Edison fracasó en miles de intentos antes de inventar el foco. Henry Ford tuvo dos empresas que fracasaron antes de triunfar. J. K. Rowling estaba en la absoluta pobreza antes de que se publicara el primer libro de Harry Potter y Oprah Winfrey tuvo una infancia miserable antes de encontrar su camino. Como bien dijo Martin Luther King Jr. en alguna ocasión: «Si no puedes volar, corre. Si no puedes correr, camina. Si no puedes caminar, gatea. Pero, sin importar lo que tengas que hacer, sigue avanzando».

A menudo me preguntan qué se necesita para sobrevivir al entrenamiento de los SEAL de la Armada. Muchos jóvenes marineros creen que tiene que ver con el número de lagartijas que puedes hacer o con lo rápido que puedes correr, o con la velocidad a la que puedes nadar. Y no, no tiene nada que ver con todo eso. He visto a los mejores atletas de la nación rendirse después de la primera semana de entrenamiento y, por el contrario, he visto cómo jóvenes con tan solo un poco de talento logran sobresalir. La respuesta es sencilla. Lo único indispensable para sobrevivir al entrenamiento de los SEAL es que no te rindas. Punto. Eso es todo.

Entonces ¿cómo perseverar en este caso? En el entrenamiento para convertirse en un SEAL tenemos un dicho: «Tómalo una evolución a la vez». Como «hombres rana» en ciernes, empezamos el entrenamiento como «renacuajos» y debemos evolucionar para alcanzar nuestra meta. Estas evoluciones son sucesos individuales: largas carreras, natación en mar abierto y horas de entrenamiento físico, cada uno acompañado de dolor, agotamiento y fracasos constantes. El aspirante que mira demasiado a futuro teme tener que soportar más de lo que es capaz. Si ve ese futuro como una serie interminable de obstáculos, los retos podrán parecerle demasiado abrumadores como para poder superarlos. No obstante, si toma cada prueba como viene, sin preocuparse de lo que aguarda el día siguiente o el año que viene, antes de lo que se imagina una prueba superada se convierte en dos, dos en tres y, así sin más, acaba lo que tenía que hacer.

La vida puede ser muy complicada por momentos, pero los retos a los que te enfrentas son los mismos que afrontaron miles de millones de personas a lo largo de la historia. Aquellos que vencieron los obstáculos que se les presentaron, fueran personales o profesionales, tienen una sola cosa en común: jamás se dieron por vencidos. ¡Y tú tampoco debes hacerlo!

EL CÓDIGO DEL HÉROE

Jamás me rendiré en asuntos que sean importantes para mí, para mi familia, para mi patria o para mi fe.
Perseveraré.

CAPÍTULO SIETE

Deber

La gruesa placa de bronce afuera de la oficina decía: «Senador John McCain, Arizona». Me acomodé el saco de mi uniforme azul de gala de la Armada, me enderecé la corbata y abrí la puerta. Quien me recibió fue un joven que estaba sentado detras de un escritorio. Me indicó que tomara asiento mientras le informaba al senador de mi llegada. Tomé una de las tres sillas que estaban dispuestas en la pequeña oficina exterior.

McCain era mi primera visita del día. Me habían recomendado para un ascenso a almirante de cuatro estrellas con el fin de comisionarme como comandante del Comando de Operaciones Especiales de Estados Unidos, pero para que cualquiera de ambas cosas pudiera ocurrir, el Senado tenía que ratificar mi nombramiento. Eso significaba una audiencia de confirmación, a la que debía anteceder una reunión con algunos senadores clave para que pudieran «conocerme».

Momentos después, McCain entró en la habitación. Con una enorme sonrisa en el rostro y un energético apretón de manos, me hizo pasar a su oficina. Al sentarnos frente a su pequeña mesa de centro, mis ojos se dirigieron a algunos de los recuerdos colocados alrededor: fotografías con varios líderes mundiales, artículos periodísticos que destacaban su liderazgo, revistas con su rostro en la portada y diversos coleccionables de diferentes navíos y submarinos de la Armada. En una lejana esquina detrás de su escritorio podía verse una imagen del joven teniente comandante John McCain. Me dio mucho que pensar. Sabía que el hombre sentado frente a mí era más que tan solo un senador de Estados Unidos, era un héroe estadounidense. La encarnación del deber hacia su país.

El senador John McCain era hijo y nieto de almirantes de cuatro estrellas de la Armada. Su abuelo, John S. McCain Sr., comandó las fuerzas operativas de portaviones durante algunas de las misiones más históricas de la Segunda Guerra Mundial. Su padre, John S. McCain Jr., se convirtió en comandante en jefe del Comando Pacífico durante la guerra de Vietnam. Los tres hombres se graduaron de la Academia Naval de Estados Unidos.

En 1967, McCain abordó el portaviones *USS Forrestal* como parte de un despliegue de combate rumbo a Vietnam. El 29 de julio de ese mismo año se desató un incendio en el portaviones. McCain, que se encontraba en la cabina de mando de su caza A-4, se vio atrapado en medio del fuego. Después de saltar de su unidad corrió a ayudar a un compañero aviador que se había quedado atrapado en un avión que se estaba quemando. Mientras hacía esfuerzos por sacar y trasladar a su compañero a un sitio seguro, una de las bombas de un *jet* cercano explotó y las esquirlas lo hirieron en el pecho y las piernas. Tardaron más de 24 horas en sofocar el incendio, en el cual fallecieron 134 de los hombres a bordo. Fue el peor incendio en la historia naval de Estados Unidos pero, como sucede con tanta frecuencia en los desastres, el valor y el heroísmo se hicieron más que presentes.

Una vez que se recuperó de sus heridas, McCain enseguida pidió que lo volvieran a poner a bordo de otro portaviones dirigido a Vietnam. Lo comisionaron al *USS Oriskany*. El 26 de octubre de 1967, durante su vigésima tercera misión de bombardeo sobre Hanói, derribaron el A-4 que iba piloteando con un misil tierra-aire. Mientras el aeroplano giraba fuera de control, McCain jaló la palanca de eyección y salió disparado a tal velocidad que la eyección le rompió ambos brazos y una pierna. Cayó en un lago cercano donde se hubiera ahogado si no es porque una enfurecida turba de aldeanos vietnamitas lo sacó y arrastró a la orilla. Después de molerlo a bayonetazos, sus captores lo entregaron a los vietnamitas del norte, que lo encerraron en el «Hanói Hilton», el tristemente conocido campo de prisioneros de guerra.

A lo largo de varios meses lo sometieron a interrogatorios y tortura, sin darle casi nada de atención médica. Cuando lo trasladaron a un campo diferente y lo pusieron en confinamiento solitario, quedó en una situación en la que era casi imposible que sobreviviera. En ese momento y lugar el ejército enemigo se percató de que McCain era hijo de un almirante estadounidense, así que decidieron usarlo como propaganda. Le ofrecerían su libertad para que sus compañeros prisioneros de guerra y el mundo entero pensaran que si eras privilegiado e hijo de un almirante de la Armada, recibías un trato especial. ¿Quién en su sano juicio podría culpar a McCain de aprovechar esta oportunidad de liberación anticipada? Lo habían estado moliendo a golpes sin parar desde su ingreso al campo de prisioneros de guerra. Ahora le estaban dando la oportunidad de regresar a su casa, con su familia, a una vida cómoda lejos del infierno en el que se encontraba. Pero el teniente comandante John McCain sabía cuál era su deber para con sus compañeros prisioneros y para con su país. El Artículo III del Código de Conducta militar dice: «No aceptaré la libertad condicional ni favores especiales del enemigo».

McCain se negó a ser repatriado. No violaría el Código de Conducta. No abandonaría a los demás prisioneros de guerra. No cejaría en cumplir con su deber. Al negarse a ser liberado inspiró a los demás prisioneros, le otorgó su debido peso al Código de Conducta y le rindió honores a cada estadounidense al que alguna vez hubieran capturado. Los vietnamitas del norte estaban furiosos y durante el siguiente año se dedicaron a torturarlo y maltratarlo. Al final, cinco largos años después, en marzo de 1973, fue liberado junto con los demás prisioneros de guerra.

En su oficina en el Senado, McCain y yo charlamos acerca de nuestras experiencias en la Armada. Yo le conté algunas anécdotas de mi servicio en Irak y Afganistán, y nos reímos de algunas de sus experiencias durante su época como piloto. Aunque pertenecíamos a generaciones distintas, teníamos mucho en común. A lo largo de nuestra conversación se mostró amable, divertido y por momentos algo irreverente, pero me quedó más que claro que les tenía una inconmensurable gratitud a los hombres y mujeres que servían en las Fuerzas Armadas de la nación. Cuando me levanté para marcharme, tomó mi mano y la sostuvo con fuerza un par de segundos.

«No le puedo agradecer lo suficiente todo lo que ha hecho». Ni siquiera supe qué responderle. Frente a mí estaba un hombre que había viajado hasta el infierno y de regreso. Un hombre que le mostró al mundo lo que significaba el deber hacia su nación, y me estaba dando las gracias a mí. Jamás olvidé ese momento ni la humildad de ese hombre que prestó tan excelente servicio. Al día siguiente recibí la ratificación de recomendación por parte del Comité de las Fuerzas Armadas y poco tiempo después se hizo efectiva. A lo largo de los tres años siguientes volví a ver a McCain en varias ocasiones. Algunas de ellas fueron, de nuevo, frente al Comité de las Fuerzas Armadas, donde volví a presenciar cómo se apegaba al cumplimiento de su deber tanto hacia el Senado como hacia el pueblo estadounidense.

Cumplir con tu deber no requiere que te sacrifiques ni que seas tan valiente como un John McCain. Hace algunos años, cuando estaba en Afganistán, el presidente Obama le hizo una visita sorpresa a Hamid Karzai, el presidente afgano. Después de que el *Air*

Force One aterrizara en la Base Aérea de Bagram, se descompuso el clima entre esta ciudad y Kabul, la capital, por lo que el presidente quedó varado. Esa noche aprendí otra poderosa lección en cuanto al valor de cumplir con el deber.

—Señor, los pilotos indican que la misión tuvo que ser cancelada. El clima no permite ver más allá de 30 metros y no quieren arriesgarse a trasladar al presidente a Kabul en estas circunstancias.

—Enterado —respondí—. No puedo culparlos.

—Sí, señor. Pero ¿qué vamos a hacer con el presidente? Estará varado aquí en Bagram durante las siguientes seis horas.

—Esa es responsabilidad del comandante de división. Estoy seguro de que el general encontrará algo con qué mantenerlo ocupado.

Revisé el horario de operaciones y vi que nuestra siguiente misión estaba programada hasta dos horas después.

—Estaré en el gimnasio durante la siguiente hora —dije—. Avíseme si hay algún cambio.

—Sí, señor. Se lo haré saber de inmediato.

Me alejé del Centro de Operaciones, me puse mi ropa de ejercicio y corrí hasta la estructura Sprung que nos servía de gimnasio. Acababa de subirme a la caminadora cuando entró corriendo un joven suboficial.

—¡Señor! Acabamos de recibir una llamada del comandante de división. Quieren que vaya usted a la pista a explicarle al presidente Obama el plan de campaña de Afganistán.

—¿Cómo? ¿En este momento?

—Sí, señor. La reunión está programada para dentro de veinte minutos.

—¡Veinte minutos! —exclamé mirando mi reloj—. Muy bien. Ve con el mayor Smith e indícale que imprima cinco copias del informe de campaña. Yo voy a cambiarme, en cinco minutos nos vemos en el Centro de Operaciones. Que los muchachos de seguridad estén listos para desplazarse.

Salí deprisa del gimnasio, fui a mi habitación, me cambié y me dirigí al punto de reunión. En el trayecto revisé mi reloj y vi que todavía teníamos 15 minutos para llegar hasta la pista. Tenemos tiempo suficiente, pensé. ¿Qué posibilidades había de que algo saliera mal en el trayecto de 500 metros hasta la pista?

Cuando el convoy de tres vehículos llegó hasta el edificio del cuartel general, Pete Marlowe, mi sargento mayor de comando interino, saltó al asiento trasero izquierdo del segundo vehículo mientras yo me sentaba en mi puesto habitual detrás del copiloto. Volví a revisar mi reloj. Todavía faltaban 10 minutos para la reunión.

—Vámonos, muchachos —ordenó Marlowe, quien sabía que yo estaba más que ansioso por marcharnos.

El conductor aceleró a máxima velocidad y nos alejamos del campo. Como era de esperarse, no había tránsito alguno en la calle principal. En la distancia, las luces del campo aéreo emitían un inquietante resplandor amarillento que iluminaba las nubes bajas. A unos cuantos metros, el auto a la cabecera del convoy dio vuelta a la izquierda de forma abrupta para entrar por la puerta trasera del campo aéreo. Faltaban ocho minutos para la cita, el tiempo justo para llegar a la hora indicada.

En la entrada, frente a la reja, estaba una joven piloto que se acercó al convoy y, levantando la mano, nos ordenó detenernos. Ataviada con su uniforme de batalla, con un enorme casco de kevlar, un chaleco blindado demasiado grande para su tamaño, y su rifle de asalto M4, parecía que no era la persona indicada para proteger la entrada al campo aéreo.

Al detenerse el primer vehículo, mi oficial de seguridad, un sargento del ejército, brincó de su sitio y se acercó a la joven aviadora. Volví a revisar mi reloj. Faltaban seis minutos para reunirme con el presidente de Estados Unidos y rendirle informes.

Desde mi lugar en el asiento de atrás pude ver la enorme figura del sargento inclinarse sobre la joven piloto. Después lo vi enderezarse, imponente, por encima de la pequeña mujer, y señalar hacia la pista hablando en voz tan alta que se oía por encima del sonido de los motores, al tiempo que daba golpecitos a su reloj con un dedo. Al no conseguir que le abrieran siguió gritando y manoteando desesperado, mientras señalaba su reloj. La mujer no se movió. Todavía tenemos tiempo, pensé. Casi podía ver el hangar desde donde estábamos.

Segundos después, el sargento se acercó a mi vehículo y Marlowe bajó la ventana.

—Señor, no nos quiere dejar pasar —informó furioso, entre dientes—, dice que no tiene la autorización para hacerlo. Ya le dije que tiene que conseguirla de inmediato. ¡Que usted debe rendirle un informe al presidente!

Marlowe volteó a verme.

—Yo me encargo, jefe. Déjeme ir a hablar con ella.

Volví a revisar mi reloj. Quizá todavía lograríamos llegar.

Marlowe bajó del auto y se acercó despacio a la joven. Lo escuché hablarle en tono calmado y mesurado. Le explicó que yo era un almirante de tres estrellas y que el presidente de Estados Unidos, el comandante en jefe mismo, había solicitado que se le rindiera un informe, de modo que le pidió que por favor nos dejara pasar y que nosotros le informaríamos a su superior que había hecho lo correcto.

Nada. Simplemente no se movió.

De inmediato volví a escuchar gritos y a ver brazos manoteando y dando golpecitos a sus relojes. Bajé del vehículo.

Marlowe se acercó.

—Señor, se niega a dejarnos pasar. Dice que es su responsabilidad proteger la entrada y que le dijeron que no dejara pasar absolutamente a nadie. A nadie.

—Gracias. Déjame ver si puedo hacer algo.

Comencé a acercarme a la joven aviadora y me di cuenta de que había temor en sus ojos. Mis tres estrellas podían notarse a simple vista sobre mi camisa y en mi sombrero.

—Buenas tardes, aviadora Jackson —dije después de leer su nombre en la placa sobre su uniforme—. ¿Cómo está usted?

—Perfectamente, señor —respondió, mientras se cuadraba y me saludaba.

—Aviadora Jackson, creo que mis chicos ya se lo informaron, pero se supone que debo darle un informe al presidente en este preciso momento y, ahora mismo, ya vamos tarde.

—Sí, señor. Me lo dijeron. —Estaba un poco temblorosa, pero trató de serenarse.

—Mire, aviadora. Como puede ver, no soy un terrorista. No soy un talibán. Soy un oficial de la Armada que de verdad necesita llegar a la línea de vuelo para ver al presidente.

—Sí, señor. Lo comprendo. —De pronto se irguió un poco más y me miró directo a los ojos—. Señor, sé que usted tiene un trabajo que hacer, pero yo también tengo que hacer el mío. Soy la responsable de proteger la entrada y mis órdenes fueron muy claras. Nadie debe pasar sin autorización y, señor —añadió con la voz algo temblorosa—, usted no la tiene.

Revisé mi reloj. Ya íbamos retrasados. El presidente se estaría preguntando dónde estaba.

—¿Puede conseguir la autorización? —pregunté con calma.

—Señor, en eso estoy, pero hasta que mi sargento no me indique lo contrario, no podré dejarlo pasar.

—Muy bien, aviadora. Comprendo. Solo déjenos saber en cuanto reciba la autorización.

La miré a los ojos. Nada la haría cambiar de opinión.

Esperamos algunos minutos más, mientras tanto me preguntaba qué le diría al presidente. Al fin, la joven se acercó al primer auto del convoy para informarle que le habían dado la autorización, y a continuación nos hizo señales para que entráramos. Cuando pasó mi vehículo, volvió a cuadrarse y a saludar.

Pasé las siguientes dos horas poniendo al presidente y a su equipo al corriente respecto a las misiones de operaciones especiales que estábamos llevando a cabo a lo largo de Afganistán, Irak, Yemen y Somalia. El presidente jamás me preguntó por qué llegué tarde y yo tampoco hice el intento de darle una explicación.

Después de la reunión, regresé al convoy que me estaba esperando y nos dirigimos de vuelta al cuartel general. Cuando pasamos por la reja, le pedí a mi conductor que se detuviera, salí del vehículo y me acerqué a la joven aviadora, que seguía de guardia. Se cuadró de inmediato.

—Aviadora Jackson —la llamé, levantando la voz—. Solo quiero que sepa que llegué 10 minutos tarde a mi reunión con el presidente de Estados Unidos. ¡Diez minutos!

No dijo una sola palabra.

—Llegué tarde porque usted se negó a dejarme pasar. No me dejó pasar cuando se lo pidió mi sargento, no me dejó pasar cuando se lo pidió mi sargento mayor de comando y tampoco me dejó pasar cuando se lo pedí yo ¡y soy un maldito almirante de tres estrellas!

—Sí, señor —murmuró, con los ojos clavados en sus zapatos.

Metí la mano en el bolsillo y saqué mi Moneda de Desafío de Comando, que se otorga solo a aquellos efectivos que hacen un trabajo excepcional.

Sonreí y puse la moneda en la mano derecha de la aviadora.

—Hizo exactamente lo que debió. Siempre que lo necesite, puede venir a trabajar para mí.

Miró la moneda, me miró a mí, volvió a mirar hacia la moneda y sonrió.

—Señor, solo cumplí con mi deber.

—Precisamente.

La Orden General Número Uno es el fundamento de las Fuerzas Armadas de Estados Unidos. Lo que dice es importante, pero su significado es esencial para vivir como se debe y en una sociedad sana. Dice: «Me haré cargo de mi puesto y de toda propiedad gubernamental que esté a la vista». Eso significa que eres responsable por tus acciones y por las acciones de otros que afecten las cosas que te rodean.

La aviadora era responsable de la reja de entrada. No estaba siguiendo órdenes a ciegas. Comprendió que la seguridad del presidente podría estar en juego si no cumplía sus órdenes. En algún punto de la línea de vuelo se encontraba un sargento responsable de diversos aviadores y en algún otro sitio estaba un capitán responsable de varios sargentos; un coronel responsable de varios capitanes y un general responsable de varios coroneles. Todas esas personas que cumplieron las órdenes que tenían permitieron que la visita del presidente de Estados Unidos fuera segura. La Orden General Número Uno tiene que ver con cuál es tu deber, con tu responsabilidad para con los hombres y mujeres que trabajan contigo y para ti, y para con aquellos para quienes trabajas.

Durante mi larga trayectoria militar fui testigo de la forma en que notables jóvenes estadounidenses cumplieron con su deber en todos los niveles y en todas las condiciones concebibles. Recuerdo al joven encargado administrativo de 19 años de edad que pensaba que su trabajo carecía de importancia. Creía que manejar el papeleo de las prestaciones de los veteranos no podía compararse con lo que estaban haciendo a diario los verdaderos guerreros en las zonas de combate. Solo hasta que recibió una carta de agradecimiento que le envió la esposa de un soldado caído se percató de que su trabajo, en apariencia trivial, realmente importaba. O al sargento de suministros que pasó 48 horas haciendo esfuerzos para lograr que un pavo de Acción de Gracias llegara a la unidad de Fuerzas Especiales que no había visto comida verdadera en meses. En Kandahar, Afganistán, recuerdo a la enfermera de la Fuerza Aérea que se negó a dejar a su paciente en el quirófano cuando empezaron a caer bombas alrededor del hospital. No puedo olvidar a los pilotos del helicóptero de evacuación médica que volaron en medio de una encarnizada batalla aérea para extraer a dos de mis compañeros SEAL. O los dos marines que en Ramadi, Irak, se mantuvieron en su puesto a pesar de que un vehículo que transportaba un improvisado dispositivo explosivo de gran tamaño se estaba acercando a toda velocidad, al hacerlo cumplieron con su deber y con ello salvaron las vidas de 150 iraquíes y estadounidenses. También recuerdo a los cientos de oficiales del servicio exterior, profesionales de inteligencia y agentes de la ley que cumplieron con su deber para que otros más pudieran seguir con vida.

Hay un viejo proverbio que dice: «Por la falta de un clavo, se perdió la herradura. Por la falta de una herradura, se perdió el caballo. Por la falta de un caballo, se perdió el caballero. Por la falta de un caballero, se perdió la batalla. Por la falta de una batalla, se perdió el reino. El reino entero se perdió porque faltaba un clavo». Hay múltiples interpretaciones de este viejo proverbio, pero para mí es un ejemplo perfecto del deber. Si el herrero hubiera cumplido con su deber y hubiera colocado la herradura de manera correcta, no se habría perdido el reino. Si el oficinista no hace el papeleo o el sargento no entrega los suministros, o la enfermera, el piloto o los marines no cumplen con su deber, el reino podría estar en riesgo.

La idea del deber es sencilla. Todos tenemos un trabajo que hacer en la vida. Ya sea que nuestro trabajo consista en servir a los clientes en un restaurante, cuidar de nuestra familia, educar a nuestros hijos, proteger nuestras ciudades, ver por los enfermos e inválidos, proteger la reja de entrada, seguir el Código de Conducta militar o dirigir a una nación, debemos hacerlo lo mejor posible en la medida de nuestras posibilidades. Debemos hacerlo bien, no solo porque es en nuestro propio beneficio, sino también porque beneficia a todos los demás. No estamos solos en este mundo. El deber es el reconocimiento de que tienes una responsabilidad para con tus congéneres. Es un acto altruista, sea grande o pequeño, que contribuye al bienestar de la humanidad. Eso es lo que lo hace tan enormemente poderoso. No es nada difícil ser un héroe. ¡Basta con que cumplas con tu deber!

EL CÓDIGO DEL HÉROE

Sea cual sea el trabajo que se me asigne,
sea cual sea el deber al que estoy
obligado, lo cumpliré lo mejor que pueda
en la medida de mis posibilidades.

CAPÍTULO OCHO

Esperanza

Pude percibir el ligero aroma de alcohol medicinal al pasar frente al centro de infusión del MD Anderson Cancer Center. Alrededor de una docena de personas se encontraban postradas en camas de hospital mientras bolsas de dos litros goteaban al interior de sus venas los medicamentos que habrían de salvar sus vidas. La mayoría había perdido todo su cabello o exhibía esa mirada de agotamiento posterior a una larga batalla. Traté de mantenerme en calma al acercarme a la sala de espera.

Dos meses antes, mientras estaba de servicio en Afganistán, recibí la videollamada de una doctora que trabajaba en mi base natal de Carolina del Norte.

Me informó que la biopsia más reciente de mi médula ósea había revelado que estaba padeciendo leucemia linfocítica crónica (LLC). Su pronóstico no fue alentador. Me indicó que la LLC estaba en mi bazo y que tenía que regresar de inmediato de Afganistán para que me lo extirparan y para iniciar un tratamiento de quimioterapia. También me dijo, sin el más mínimo rodeo, que mi carrera militar se había acabado, ya que tendría que dedicar una buena parte de mi tiempo a luchar contra la enfermedad. Su diagnóstico me dejó en *shock,* tanto que fue una verdadera proeza superar los primeros días posteriores a la llamada. Poco después regresé a Carolina del Norte y se lo informé a Georgeann. Como toda excelente pareja, de inmediato se puso a buscar soluciones. Al cabo de algunas horas había identificado al principal experto en LLC, el doctor Michael Keating. Resultó que de casualidad estaba en el MD Anderson, en mi estado natal de Texas.

Mientras esperábamos al médico sentados en su consultorio, empecé a preguntarme cómo cambiaría mi vida. Por mi mente pasaron todos los peores escenarios posibles. Mi madre había fallecido de cáncer de pulmón 20 años antes y recordé que estuve a su lado durante sus últimos momentos. Jamás recuperó la conciencia y el cáncer la dejó delgada y pálida como una hoja de papel. Fue estremecedor verla tomar su último aliento. Me imaginé a mis hijos alrededor de mi cama y pensé que no quería que experimentaran un dolor así.

Mientras todos esos pensamientos aterradores daban vueltas en mi cabeza, se abrió la puerta del pequeño consultorio y un hombre grande y de cara roja irrumpió en este. Salté de mi silla de inmediato. Vestido con una bata blanca y con una tablilla en la mano, miró a su alrededor con rapidez. Arrojó los papeles sobre su escritorio, se acercó a mí y, con un marcado acento australiano, exclamó: «¡Dame un abrazo!». Antes de que pudiera responder, me rodeó con sus enormes brazos y me apretó con fuerza.

—Y usted debe ser la esposa —adivinó volteando a ver a Georgeann.

Ella asintió.

—Pues puede dejar de buscarse un nuevo novio. Este va a estar perfectamente bien.

Georgeann y yo volteamos a vernos, azorados por sus palabras.

—Perdón, doctor —trastabillé—. ¿Cómo dijo?

Mientras recogía la tablilla con papeles de su escritorio, empezó a sonreír de oreja a oreja.

—Dije que vas a estar perfectamente bien.

—Bien... —repetí con algo de incredulidad—. Mi doctora en Carolina del Norte me indicó que necesitaría que me extirparan el bazo y que tendría que iniciar quimioterapia de inmediato.

—Nah —dijo, viéndome de frente—. Esos son tratamientos medievales. Los dejamos de usar hace tiempo.

Antes de que yo pudiera responder, volteó hacia Georgeann.

—¿Qué le parece? ¿Quiere quedarse con él otro rato?

Georgeann no había dicho palabra desde que Keating había entrado por la puerta como torbellino, pero vi que sus ojos se llenaban de lágrimas.

—Sí —afirmó con suavidad mientras me miraba.

—Ajá, parece la clase de tipo que querrías mantener a tu lado --comentó exultante.

Durante los minutos siguientes, Keating nos mostró los resultados de los análisis de laboratorio con cuidado, explicándonos lo que significaba cada una de las cifras y la forma en que el LLC estaba afectando mi cuerpo. Discutimos todos los posibles protocolos de tratamiento y su cronología. Aunque el diagnóstico inicial de mi doctora de Carolina del Norte era correcto, Keating y sus colegas habían desarrollado tratamientos nuevos para manejar mi enfermedad. A lo largo de la discusión se rio, contó chistes y nos relató varias anécdotas de su infancia en Australia. Para el final de la conversación toda la ansiedad que sentí al principio se había evaporado.

—¿Tiene alguna pregunta? —El médico se dirigió a Georgeann.

—Pues… —Dudó mientras me miraba de nuevo—. ¿Debería comer más frutas y verduras?

—Nah. —Con una sonrisa, Keating sacudió la cabeza.

—Bueno… —volvió a decir mientras lo pensaba—. ¿Debería hacer más ejercicio?

Keating me miró de arriba abajo y volvió a negar con la cabeza.

—A mí me parece que está en excelente condición física.

—¿Debería limitar su consumo de bebidas alcohólicas?

Keating se levantó de su asiento intempestivamente, con una mirada de horror en el rostro.

—¡No, ni Dios lo quiera! —exclamó.

Los tres nos empezamos a reír. De inmediato me uní a la discusión.

—¿Entonces, puedo regresar a Afganistán?

—Claro. Solo trate de evitar los balazos.

De manera repentina, mi vida volvió a pertenecerme. Podía vislumbrar un futuro diferente. Tenía esperanzas. En lugar de centrarme en todas las cosas malas que podrían sobrevenir en mi vida, empecé a anticipar todas las maravillosas posibilidades que representaban los años por venir. No estaba siendo ingenuo en cuanto a los resultados inevitables de la enfermedad. La LLC afecta el sistema inmunitario, por lo que debilita al cuerpo y lo hace susceptible a otros cánceres y otras enfermedades. Pero de alguna manera, este viejo y escandaloso australiano me dio el valor para sentirme optimista: para sonreír, reír a carcajadas, contar uno que otro chiste y vivir mi vida plenamente en vez de pasar todo mi tiempo preocupándome por lo que podría suceder. Cuando «lo que pudiera ser» se convirtiera en «lo que es», nos preocuparíamos de ello, no antes. Su optimismo era contagioso y su actitud esperanzadora me liberó de las ataduras del miedo. Me dio la fuerza para seguir adelante. Desde ese día regresé cada seis meses al MD Anderson para rellenar mi tanque de optimismo y recargar mi sentido de esperanza.

A lo largo de los cuatro años siguientes, seguí liderando fuerzas de operaciones especiales alrededor del mundo. En 2011 las tropas bajo mi mando atraparon a Osama bin Laden. De 2011 a 2014 estuve al mando de todas las Operaciones Especiales de Estados Unidos. Me retiré en 2014, y a los tres años siguientes a mi jubilación se me hizo el honor de nombrarme canciller del Sistema de la Universidad de Texas. Finalmente, en 2017, la LLC me cobró factura y me vi afectado por una grave anemia y un bajo recuento de plaquetas. El doctor Keating, todavía lleno de chistes y de risas, me administró diversos fármacos que salvaron mi vida y me regresaron la salud.

En mis viajes alrededor del planeta encontré que la esperanza es la fuerza más poderosa del universo. Si tienes esperanza, puedes soportar lo que sea. Sin ella estás destinado a una vida de temor y desesperación; pero pocas veces he visto el poder de la esperanza manifestado con tanta claridad como cuando tuve la oportunidad de reunirme con exprisioneros de guerra en Vietnam.

Durante la guerra de Vietnam más de mil estadounidenses cayeron presos. El trato que recibieron a manos de los vietnamitas del norte fue inhumano. Fueron recluidos por años, golpeados, aislados y, en ocasiones, privados de comida y agua. Con cada año que pasaba, su esperanza de ser liberados iba desapareciendo. La mayoría de los presos creyó que jamás volvería a ver a sus familias. Solo se tenían los unos a los otros.

En 1970 una unidad de Fuerzas Especiales del Ejército, los Boinas Verdes, llevó a cabo una misión de rescate en Vietnam del Norte para liberar a algunos de los prisioneros de guerra localizados en un campo llamado Son Tay. Los servicios de inteligencia revelaron que había más de 60 prisioneros de guerra estadounidenses confinados en dicho campo y que el trato que se les estaba dando era tan brutal que se requería actuar de inmediato. El 21 de noviembre, los Boinas Verdes abordaron seis helicópteros y volaron de Tailandia a Laos, desde donde cruzaron la frontera a Vietnam del Norte. Cuando aterrizaron en el campo, de inmediato cayeron bajo el fuego de los guardias norvietnamitas. Después del intenso enfrentamiento, en el cual murieron 42 combatientes enemigos, se volvió dolorosamente evidente que los prisioneros de guerra habían sido reubicados. Más tarde los informes de inteligencia mostrarían que los norvietnamitas habían trasladado a los estadounidenses meses antes debido a que su fuente de agua se había contaminado. La operación de rescate fue un rotundo fracaso, o al menos eso pensaron los soldados a cargo de la misión. Fue hasta dos años después, cuando todos los prisioneros de guerra estadounidenses fueron liberados, que pudieron comprender el impacto total de la incursión.

En abril de 1973 Ross Perot, el multimillonario texano, tuvo la gentileza de recibir a todos los prisioneros de guerra, a los soldados que habían incursionado en Son Tay y a sus familias para llevar a cabo una reunión en San Francisco. Durante años esos soldados se habían sentido desconsolados por el fracaso de la misión, pero en esa reunión se enteraron de que la perspectiva de los prisioneros de guerra al respecto era radicalmente distinta.

—Su llegada fue una señal de que no se habían olvidado de nosotros —afirmó uno de ellos con los ojos llenos de lágrimas.

—Esa misión hizo maravillas en nuestro ánimo —continuó otro.

—La llegada de los soldados nos dio esperanzas y, desde ese día en adelante, supimos que podríamos tolerar cualquier cosa que se nos presentara —se escuchó con frecuencia decir a otros de los prisioneros liberados.

Nos dieron esperanzas.

Cada año desde 1973, con el apoyo de la familia Perot, los soldados que incursionaron en Son Tay, los exprisioneros de guerra y todos sus familiares se reúnen para rendir honores a los caídos, para encomiar a quienes sacrificaron su libertad por su nación y para agradecer a los que intentaron rescatarlos. Tuve la fortuna de reunirme con ellos en 2005 y darme cuenta de que la sensación de esperanza que la incursión produjo en los cautivos fue tan importante para ellos que jamás la olvidaron. Esa misión, y la esperanza que inspiró, levantó los ánimos de cada estadounidense que estaba prisionero en Vietnam y les brindó apoyo durante sus horas más oscuras.

¿Qué es la esperanza sino la creencia de que mañana será mejor: que mañana tus hijos serán más felices, que mañana tu cáncer entrará en remisión, que mañana volverán a intentar rescatarte, que mañana tu país ya no estará en guerra, que mañana la nación volverá a unirse y que el mundo será un lugar más seguro? Y, sin embargo, la esperanza es mucho más que un deseo fantasioso. Si quieres darle esperanza al mundo, tendrás que encontrar aquello para lo que eres bueno y ofrecerlo a los demás. Las personas creen en quienes les brindan esperanzas, en los doctores Keating y en los Boinas Verdes, solo si creen que pueden cumplir sus promesas. La buena noticia es que todos somos buenos para algo; algo que les podemos dar a los demás y que les brindará esperanza. Todos tenemos un talento que le hace falta a alguien más en el mundo. Somos más veloces, más fuertes, más inteligentes, más amables, más gentiles, más ricos, más valientes, más misericordiosos, más honestos, más algo. Todos los héroes tienen algo que los hace únicos. Encuentra ese talento y utilízalo para inspirar a otros, para darles esperanzas y hacer que su mañana sea un día mejor.

EL CÓDIGO DEL HÉROE

Utilizaré mis talentos únicos para inspirar a los demás y para darles la esperanza de que mañana será un día mejor.

CAPÍTULO NUEVE

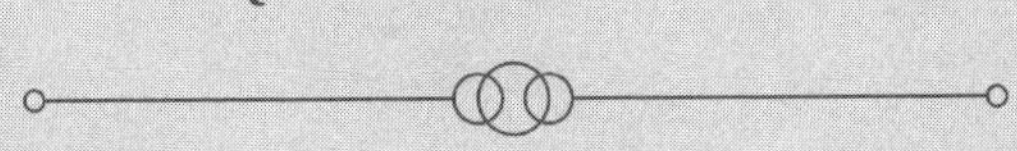

Humor

Emplazado en el pueblo turístico de Coronado, California, el Equipo de Demolición Submarina Once (UDT-11, por sus siglas en inglés) era uno de los tres Equipos UDT/SEAL en la Costa Oeste a finales de la década de los setenta. Sus instalaciones eran un conjunto de edificios de la época de la Segunda Guerra Mundial situados a tan solo 50 metros de la playa. Sin importar en qué parte del complejo te encontraras, siempre podías oler el aroma del océano Pacífico y de los trajes de buceo secándose al aire. A mí me parecía que era el olor de la aventura. En algún sitio, los hombres rana de la Armada estaban saliendo de submarinos, saltando de aviones, dinamitando cosas y preparándose para la siguiente batalla u operación encubierta. Cada uno de los tres equipos tenía su estación de buceo, armería, instalaciones para los aparejadores de paracaídas y espacios de casilleros propios. La mayoría de los 150 marineros que formaban el Equipo UDT-11 eran veteranos de Vietnam altamente condecorados. Cada reunión de más de dos hombres derivaba en narraciones de misiones, tanto exitosas como desastrosas, que habían encontrado su sitio en la tradición de los UDT. Pero, como joven hombre rana apenas salido de mi entrenamiento, nada moldeó más mi carácter como SEAL que la sesión matutina de entrenamiento físico en la Moledora, una explanada desigual de asfalto donde los SEAL de la Armada iniciaban su día. El asfalto te acaba físicamente, pone a prueba tu deseo por triunfar y desafía tu humildad. Hay importantes lecciones de vida que solo se aprenden en la Moledora.

—¿Así que eres el nuevo? —me preguntó uno de mis oficiales.

—Sí, señor —respondí—. Es mi primer día en los equipos.

—¿Tu primer día en los equipos? Pues te fascinará estar aquí —aseguró—. Los muchachos te darán la bienvenida con los brazos abiertos. Esos viejos veteranos de Vietnam son de lo más agradables. Les encantan los oficiales. En especial los oficiales nuevos. Te van a tratar de maravilla.

—Excelente. No puedo esperar a conocerlos.

Una sutil sonrisa se dibujó sobre el rostro del oficial.

Vestidos en trajes de baño color caqui, camisetas azul-oro y botas de combate, salimos del edificio principal y nos dirigimos hacia la Moledora. Después de una breve sesión informativa a cargo del oficial ejecutivo, rompimos filas y formamos un círculo. El círculo de entrenamiento físico.

Y fue cuando empezó.

—Entonces, alférez. Tengo entendido que estudió en Texas A&M.

—No, señor. Estudié en la Universidad de Texas, no en Texas A&M.

—¿O sea que no pudo ingresar a una universidad genuina?

Antes de que pudiera responder, alguien más lo hizo por mí.

—Es que es de Texas. Allí no hay universidades reales.

—¿Entonces no tuvo la inteligencia suficiente para entrar en la Academia? Los hombres rana esperamos que nuestros oficiales sean inteligentes. ¿Qué fue lo que estudió?

—Estudié periodismo, señor —dije después de dudar un instante.

—¡Periodismo! ¡Es un maldito reportero! Oiga, oficial, ¡no necesitamos a un maldito reportero en nuestras filas!

El oficial ejecutivo sonrió, pero no dijo nada.

—¿En qué generación de SEAL estuviste? —me gritó un hombre al otro extremo del círculo.

—Generación del 95.

—Eso tiene que ser una broma —espetó un oficial de mayor edad al tiempo que escupía un montón de tabaco. —Yo oí que la Generación del 95 fue la peor de toda la historia. Su Semana del Infierno fue un paseo de verano.

Durante los siguientes 15 minutos, los cincuenta hombres en el círculo tuvieron algo que decir acerca de mis carencias. Entre repeticiones de lagartijas, patadas de mariposa y sentadillas, cuestionaron mi parentela, mi atletismo, mi intelecto, el estado del que provenía, la calidad de mi entrenamiento como SEAL y, claro está, mi vida amorosa.

—¿Tienes novia? —preguntó uno de los viejos y experimentados jefes.

—Sí, señor.

—¿Y cómo es?

—Es de lo más bonita. Muy delgada, de pelo y ojos castaños, como de 1.62 de estatura.

El jefe sonrió.

—¿Crees que le guste un italiano moreno con mostacho? —insinuó mientras le daba vueltas a su elaborado bigote.

Vi una oportunidad.

—No creo, señor. —Miré a mi alrededor a los reunidos en la Moledora—. Le gustan los hombres más altos que ella.

El círculo quedó en absoluto silencio. El jefe, que seguramente no medía más de 1.60 de estatura, se levantó de la Moledora y caminó hasta donde me encontraba. Resoplando a unos centímetros de mi rostro, espetó:

—¿Me estás diciendo chaparro? —Todos los hombres del círculo estaban sacudiendo sus cabezas. Uno de ellos articuló: «Ni se te ocurra», sin emitir sonido.

—Le molesta mucho su estatura —comentó otro en voz muy baja.

—Pues el hecho, señor, es que tiene que levantar la cabeza para verme.

Todo el mundo en la Moledora dejó de ejercitarse y fijó sus ojos en mí.

—¡¿Que qué?! ¿Cree que eso es gracioso, alférez? ¿Cree que insultar a un jefe de la Marina Armada de los Estados Unidos de América es gracioso? Soy muy, pero muy sensible en cuanto a mi estatura y usted me acaba de herir.

Me quedé en silencio y me pregunté si tal vez había llevado la broma demasiado lejos.

De repente, el jefe irrumpió en carcajadas, igual que los demás integrantes del círculo.

—¡Bienvenido al equipo, alférez!

Al final del entrenamiento físico, el jefe y todos los demás miembros del equipo pasaron frente a mí para darme un apretón de manos, junto con la bienvenida al UDT-11. Había pasado su prueba, tenía sentido del humor.

La vida en la Moledora era un recordatorio cotidiano del valor del humor. Sin importar quién fueras, desde el oficial a cargo hasta el marinero más humilde, estabas sujeto a la posibilidad de verte ridiculizado de manera pública, pero afable. Estas bromas diarias te mantenían humilde cuando tu vanidad superaba tus éxitos. Las agudas pullas ponían las cosas en perspectiva cuando te tomabas tus fracasos demasiado en serio. El chacoteo mutuo te mantenía despierto para que pudieras responder a algún ataque con una réplica sagaz, con un alfilerazo que produjera algunas risas a costillas de alguien, pero que jamás fuera realmente ofensivo.

En los equipos SEAL, cualquier cosa era buena para lograr una buena risotada. A diario había algún bromista tendiéndote una trampa u otra: como hacerte regresarle una llamada importante a un oficial que en realidad no te había llamado; cambiar tu traje de buceo por otro dos tallas más chico; hacer que a tu puesto se presentara alguna mujer diciendo que era tu exesposa; cargar a tu cuenta los tragos de todo el equipo; convocarte a algún ejercicio táctico en mitad de la noche, solo para darte cuenta de que te engañaron porque ahí no había nadie más. Cada broma tenía por objeto que no te tomaras las cosas tan en serio, al tiempo que elevaba la moral del equipo. Si las manejabas bien, se te respetaba por tu sencillez.

Si te molestaban las bromas y conspirabas para vengarte, corrías el riesgo de perder la consideración de tus compañeros. Tener sentido del humor te fortalecía en casi todos los aspectos.

Años después del UDT-11, me encontré en una misión de entrenamiento en Egipto. Después de la inserción del equipo SEAL para la operación, el motor de mi pequeño bote decidió averiarse y mi equipo y yo pasamos 10 horas a la deriva en el mar. A la larga llegó un navío de la Guardia Costera de Egipto, el cual nos remolcó hasta Alejandría con cierta brusquedad. Fue una situación demasiado embarazosa, pero cuando remolcaron la nave de vuelta a puerto seguro, mis compañeros SEAL estaban allí, esperándome. A sabiendas de lo humillante que era la situación, se hubiera podido esperar una bienvenida algo más digna, pero, en lugar de eso, todos se alinearon a lo largo del embarcadero y empezaron a cantar el tema del viejo programa de televisión *La isla de Gilligan*: «Siéntese a escuchar, el relato de un viaje fatal, que empezó en el puerto tropical, a bordo de este pequeño barco». También traían un letrero que decía: «Bienvenido de regreso, *SS Minnow*».

Recuerdo también la broma que me hicieron cuatro años más tarde, cuando casi muero en un accidente de paracaidismo. En esa ocasión, el equipo mandó hacer playeras estampadas con un dibujo en el que yo aparecía con un paracaídas atado a un yunque sobre mi espalda.

O la que me hicieron tres años después de eso, cuando todo el personal de alto nivel del Comando Conjunto de Operaciones Especiales, liderado por el general Stan McChrystal, se pasó toda una hora burlándose de mí durante una videoconferencia en la que, de nuevo, destacaron mis diversos defectos: «Decir que McRaven es el SEAL más inteligente de los equipos es como decir que es el luchador de sumo más rápido en una carrera. ¿Para qué sirve? Es un texano que no puede andar a caballo y un marinero que no puede navegar un bote. ¿Y basquetbol? ¡El tipo solo puede saltar cinco centímetros!».

Hubo más pullas diversas y salaces, todas ellas sin malicia, que me tuvieron muerto de risa. Rara vez me sentí más respetado por los hombres junto a los que serví.

El sentido del humor jamás fue más evidente que en los cientos de soldados a los que visité en hospitales de Irak, Afganistán y Estados Unidos. Cada uno tenía una historia que contar: una escaramuza, un dispositivo explosivo, un cohete, fuego de mortero. Algo horrible había devastado sus vidas, pero se negaban a dejarse llevar por la autocompasión. Luchaban contra su temor e incertidumbre con risas.

Recuerdo a un sargento del Ejército que fue artillero de un vehículo militar hasta que lo alcanzó una granada propulsada por un cohete. Estaba en la Unidad de Cuidados Intensivos con heridas atroces. La explosión le había dejado quemaduras graves y tenía todo el cuerpo inflamado, por lo que su piel estaba estirada casi al punto de reventar. Aun así, lo que vi en sus ojos fue que era un luchador y un hombre con sentido del humor. Cuando en broma le dije que se veía de lo peor, me respondió sin chistar: «Pero, señor, es que no vio cómo quedó el otro». Era una respuesta clásica, un toma y daca entre guerreros. La broma era un escudo para protegerse de tomar conciencia de la gravedad de sus heridas y, al mismo tiempo, una espada que blandía contra el enemigo al decir: «No me derrotaste porque todavía tengo la capacidad de reírme».

También recuerdo al hombre a quien le amputaron ambas piernas y que antes de perder sus extremidades había medido 1.67, pero que con sus prótesis ahora medía 1.85, por lo cual solía presumir diciendo que con su nueva estatura se había vuelto más atractivo para las mujeres. O el *ranger* manco que bromeaba que con su pinza mecánica al fin podía sostener un palo de golf como se debía. Los mejores soldados, los más rudos del montón, sabían utilizar su sentido del humor para distraer su atención del dolor de sus pérdidas.

Pero no había pérdida más agonizante que la de un compañero de armas. Tuve el honor de asistir a docenas de exequias, todas ellas oportunidades para reconocer el increíble heroísmo de algún guerrero caído. Sin excepción, los soldados que encomiaron a sus camaradas utilizaron su sentido del humor para atenuar el dolor, para mostrar que la vida de sus compañeros, sin importar cómo había terminado, había estado repleta de diversión y de risas. Cada héroe caído tenía algo de pillo en su interior. Recuerdo a un SEAL que atascó el traje de neopreno de su compañero con ungüento Bengué; al *ranger* que añadió peso extra a la mochila de uno de sus amigos durante una larga marcha de entrenamiento; al Boina Verde que fingió que el paracaídas de otro de sus compañeros estaba mal empacado, y al piloto de helicóptero que envió a su copiloto a la nave equivocada durante un ejercicio. Cada héroe caído también estuvo del otro lado de alguna broma graciosa. Esos poderosos panegíricos hicieron más que evidente que, por más triste que pudiera ser cada pérdida, y por más amargo que pudiera parecer cada fin, si la vida del héroe estaba colmada de risas, no cabía duda alguna de que había vivido una buena vida.

En plena Guerra Civil de Estados Unidos, el presidente Abraham Lincoln era conocido por su sentido del humor. Este era un hombre al que habían derrotado en varias campañas antes de la que lo hizo llegar a la presidencia, que sufría de depresión, que perdió a dos hijos muy pequeños y quien cargó con el fardo de una guerra que estaba destruyendo a la Unión Americana, pero quien recurría al humor de manera constante.

Hacía tantas bromas que se le criticó por no tomar con la suficiente seriedad las pérdidas en batalla, pero Lincoln comprendía el valor del humor. Lo utilizaba para suavizar los golpes de cada derrota, para calmar los ánimos de algún ciudadano furioso, para tranquilizar a generales en conflicto y para apuntalar el ánimo del país.

La mayoría de sus chistes eran para reírse de sí mismo. Le fascinaba contar la historia de un hombre que se le acercó un día mientras viajaba por tren. Contaba que el hombre le dijo: «Tengo algo que le pertenece», y después sacó de su bolsillo una navaja de muelle y le explicó:

—Cuando me dieron esta navaja, me hicieron prometer que la guardaría hasta que encontrara a un hombre más feo que yo. Permítame decirle, señor, que este encuentro no me deja ninguna duda de que usted tiene derecho a poseerla.

En alguna ocasión, uno de los reporteros del *New York Herald* escribió: «Estoy convencido de que sería difícil encontrar a alguien que cuente mejores chistes, que los disfrute más y que se ría con mayor frecuencia que Abraham Lincoln». Tanto valoraba Lincoln los chistes, que se dice que creía que en las escuelas se les debía enseñar a los niños, junto con la lectura, la escritura y la aritmética, a tener sentido del humor. En momentos de turbulencia, de crisis y de agitación, los grandes líderes recurren al humor como fuente de fortaleza para sí mismos y para las personas a quienes lideran.

El humor es una de las cualidades más importantes para cualquier héroe. Si quieres demostrar tu valentía, ríete frente al peligro. Si quieres demostrar tu humildad, ríete de ti mismo. Si quieres sacrificarte, sacrifica tu vanidad en aras de una broma. Si quieres mostrarte compasivo, deja que el humor suavice el golpe del dolor. Si quieres ser honesto, sonríe ante tus deficiencias. Si quieres ofrecer esperanzas, utiliza el humor para iluminar la oscuridad. Si deseas perseverar en los momentos difíciles, más te vale que aprendas a reír. Encuentra tu lado cómico y utiliza tu ingenio para salvar a quienes se encuentran a tu alrededor, para liberarlos de sus penas, alegrarlos y ayudarlos a ver el aspecto humorístico en los momentos más difíciles. Eso es lo que hacen los verdaderos héroes.

EL CÓDIGO DEL HÉROE

Utilizaré el humor para consolar a los demás y nunca tendré miedo de reírme de mí mismo.

CAPÍTULO DIEZ

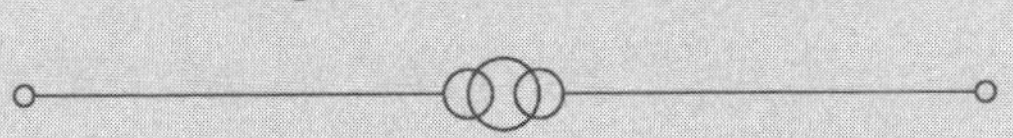

Perdón

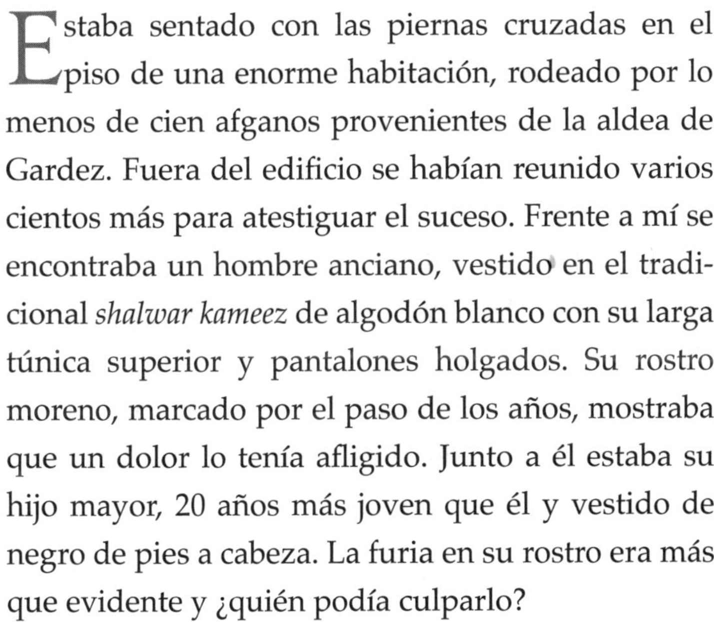

Estaba sentado con las piernas cruzadas en el piso de una enorme habitación, rodeado por lo menos de cien afganos provenientes de la aldea de Gardez. Fuera del edificio se habían reunido varios cientos más para atestiguar el suceso. Frente a mí se encontraba un hombre anciano, vestido en el tradicional *shalwar kameez* de algodón blanco con su larga túnica superior y pantalones holgados. Su rostro moreno, marcado por el paso de los años, mostraba que un dolor lo tenía afligido. Junto a él estaba su hijo mayor, 20 años más joven que él y vestido de negro de pies a cabeza. La furia en su rostro era más que evidente y ¿quién podía culparlo?

Semanas antes, una misión para capturar a un objetivo talibán en Gardez había salido terriblemente mal. Soldados de mi unidad habían rodeado el complejo donde vivía el hombre mayor con la esperanza de capturar a un líder talibán local. Dos de los hijos del hombre vieron a los soldados sobre la azotea, y pensando que eran talibanes trataron de defenderse. Los estadounidenses abrieron fuego contra ellos pensando que eran enemigos, y ambos jóvenes murieron en el ataque. La hija del anciano, así como otras dos mujeres, también fallecieron por varias balas perdidas que atravesaron una puerta. Esta fue la tragedia más desgarradora a la que tuve que enfrentarme en toda mi carrera militar.

De conformidad con la tradición afgana, ese día me presenté en Gardez para intentar reparar el daño entregando a la familia varias ovejas y una modesta indemnización. Pero más que nada fui para pedirle perdón al padre y para decirle que estaba de verdad apenado por el dolor que mis soldados, y esta guerra, le habían ocasionado. No esperaba que el hombre me perdonara, de haber estado en sus zapatos mi odio hubiera sido demasiado profundo como para reconciliarme con cualquiera que fuera lo más remotamente responsable de la muerte de mis hijos.

Un hombre de mediana edad con una larga barba café, quien supuse que era el imam, estaba fungiendo como moderador e intérprete. El padre apenas podía levantar la mirada, tenía los ojos llenos de dolor clavados en el piso. Después de una larga presentación, finalmente el imam volteó hacia mí, indicándome que ya podía hablar. Pero ¿qué podía decir para aliviar el dolor del viejo y convencerlo de que mi arrepentimiento era genuino y mis disculpas sinceras? ¿Cómo podía compensar este trágico acto de guerra? Había pensado mucho en lo que diría y, antes de abandonar mi base en Bagram, lo consulté con el general Salam, mi homónimo afgano. Cuando le pedí a Salam que me aconsejara qué debía decirle al padre y cómo podía expresarle que lo sentía, este se quedó perplejo.

—El padre te perdonará —dijo de manera casual.

—Pero ¿cómo es posible? —respondí, incrédulo.

Salam estiró el cuello como si estuviera tratando de comprender lo que le estaba preguntando.

—Es lo que Alá querría.

—Sí, por supuesto, Salam —afirmé algo exasperado—, pero no todos los musulmanes a los que conozco son así de compasivos.

Salam sonrió al comprender mi referencia no tan sutil a Al Qaeda y a los talibanes.

—Conozco la aldea, sus habitantes son gente buena. Buenos musulmanes. El padre te perdonará. —Salam vio la mirada de escepticismo en mi rostro, y continuó—: El Corán nos enseña el valor de la misericordia. El padre te perdonará porque eso aliviará su carga. No la carga de su pérdida, nada podrá quitarle ese peso de encima, sino la carga de su odio y su enojo. El perdón es un enorme regalo, no solo para quienes lo reciben, sino también para quienes lo otorgan.

Sentado allí, en el enorme salón, volví a pensar en las palabras de Salam. ¿Podría ser así?

Primero volteé a ver al hijo. Sus ojos estaban entrecerrados y su frente arrugada. Era evidente que quería verme muerto. Después posé mis ojos sobre el padre y respiré hondo.

—Yo soy el comandante de los soldados que accidentalmente le dieron muerte a sus seres queridos. Vine el día de hoy para ofrecerle mi pésame a usted, a su familia y a todas sus amistades.

Hice una pausa para que el imam tradujera mis palabras. El viejo jamás levantó la mirada. Seguí adelante.

—También vine el día de hoy para pedirle perdón por estas terribles tragedias.

Al fin, el hombre levantó la cabeza y me miró directo a los ojos. Su rostro carecía de expresión, pero sus ojos eran amables. Profundos, tristes y desolados, pero amables. Asintió para que siguiera hablando.

—Señor, usted y yo somos diferentes. Usted es un hombre de familia que vive en casa con muchos hijos y muchos amigos. Yo soy un soldado que ha pasado la mayor parte de su vida en el extranjero, alejado de mi familia. Pero también tengo hijos y esto me rompe el alma.

Los ojos del anciano empezaron a llenarse de lágrimas.

—Pero sí tenemos algo en común, algo muy importante —seguí—. Los dos creemos en un Dios que nos muestra gran amor y compasión. El día de hoy, señor, ruego para que le muestre su amor y compasión, para que alivie su pesar y su dolor. También ruego para que Él muestre su compasión por mí y mis hombres por esta terrible tragedia.

Al ver al padre y al hijo casi no pude seguir adelante. Ni siquiera podía imaginarme su dolor.

El padre asintió levemente y, de nuevo, les pedí perdón.

El hijo se inclinó hacia su padre y murmuró algo en su oído. La mirada de odio que tenía se había suavizado, el fuego en su mirada se había apagado. El hijo habló en nombre de su padre y el imam tradujo sus palabras.

—Muchas gracias —respondió el hijo—. No guardaremos rencor contra usted en nuestro corazón.

«No guardaremos rencor contra usted en nuestro corazón». Esa es la esencia del perdón. Cuando abandoné la aldea de Gardez ese día, sentí que ya no llevaba la carga de la culpa sobre mis hombros, pero la experiencia más importante fue la sensación renovada de perdón. Recé por que llegara el momento en que pudiera ser tan compasivo con alguien como lo fue ese hombre conmigo. Esperé poder llegar algún día a ser tan bueno como él.

Cuando Dylann Roof, el supremacista blanco que mató a nueve feligreses de la Iglesia Africana Metodista Episcopal Emmanuel de Charleston, Carolina del Sur, se levantó frente a la corte, los familiares de las víctimas, uno a uno, le perdonaron su atroz e incomprensible delito.

—Te perdono y tengo misericordia de tu alma —dijeron. Se negaron a que el enojo contra Roof se convirtiera en una carga para ellos.

André Comte-Sponville, profesor de filosofía de la Sorbona de París, escribió: «El punto [del perdón] es superar nuestro propio odio si no podemos lograr que el otro supere el suyo, lograr el dominio de nosotros mismos si no podemos dominarlo a él, ganar al menos esta victoria sobre el mal y el odio, y no añadir otro mal al mal mismo; evitar volvernos cómplices además de víctimas».

Al perdonarlo, las familias evitaron ser cómplices de Roof en este vil acto de odio, prefirieron ser quienes lo vencieran, no sus víctimas.

Sin embargo, no todo acto de perdón tiene que surgir de una acción tan detestable como esta. En la actualidad solemos ofendernos con gran facilidad. Nos enojamos muy rápido y pensamos que debemos responder de inmediato a cada ofensa, sin importar su intención, y en lo último que pensamos es en perdonar. Para la mayoría de los héroes siempre es más fácil iniciar un ataque, apagar el fuego o detener a un loco armado que perdonar, se nos dificulta hacerlo porque nos produce miedo, pensamos que si lo hacemos vamos a perder la furia que nos impulsa, a dejar de sentir el odio que nos motiva, el enojo justificado por haber sido ofendidos. Lo que queremos, más que nada, es tomar el control de ese enojo, sentir la injusticia y la frustración para que sea justificado arremeter contra quien nos ofendió. Pensamos que al hacerlo nuestro espíritu se sentirá aliviado en alguna medida, pero lamento decirles que no será así.

Cuando Cristo agonizaba en la cruz en la que lo clavaron después de azotarlo, miró al cielo y dijo: «Padre, perdónalos, porque no saben lo que hacen».

Perdonar jamás será sencillo, no se supone que lo sea. Se necesita ser fuerte para hacerlo, pero el acto del perdón fortalecerá enormemente tu carácter y te librará del odio que destruye a tantos hombres y mujeres de bien.

Sé el vencedor, no la víctima.
Aprende a perdonar.

EL CÓDIGO DEL HÉROE

Sin importar lo grande o pequeña que sea la ofensa en mi contra, trataré de perdonar. Seré el vencedor, no la víctima.

EPÍLOGO

Entré a la sala de conferencias, tomé asiento a la cabecera de la mesa y me pregunté hasta qué punto cambiaría mi vida. Después de 37 años en la Armada, había cambiado mi uniforme por un traje. Ahora era canciller del Sistema de la Universidad de Texas y tenía ocho campus, seis instituciones académicas de cuidados médicos, 230 000 estudiantes y 100 000 empleados a mi cargo. Los demás ejecutivos sentados a la mesa no se parecían en nada a mis SEAL ni a mis soldados. Eran educadores, médicos, abogados y expresidentes universitarios vestidos en trajes de negocios. Los estudiantes, maestros e investigadores a los que había conocido antes de aceptar este empleo me parecieron menos disciplinados que mis *rangers* o mis Boinas Verdes. El alumnado, los líderes cívicos y los legisladores con los que me topé durante mi transición eran gente buena, pero en el fondo de mí sabía que eran distintos a los guerreros con los que había prestado servicio. Amé tanto estar con soldados, marineros, aviadores, marines y servidores públicos que me preocupó no volver a presenciar jamás actos de valor, humildad, sacrificio o sentido del deber como de los que fui testigo durante mis años de servicio. Pero ¡para mi gran sorpresa! me di cuenta de que hay héroes en todas partes.

Hay héroes en los salones de clases en donde se educa a los jóvenes de Estados Unidos y se les enseña a ser mejores ciudadanos.

Hay héroes en los hospitales de toda la nación, que se dedican al cuidado de los enfermos y moribundos.

Hay héroes en nuestras calles, que se encargan de nuestra seguridad y de protegernos de la delincuencia.

Hay héroes en las granjas y ranchos, que trabajan para producir los alimentos para todos.

Hay héroes en el Capitolio, que llegan en marchas a este para denunciar los casos de injusticia y racismo.

Hay héroes en los pasillos del Capitolio, que se empeñan en que se aprueben leyes que apoyen a los desamparados y oprimidos.

Hay héroes en cada casa de Texas y de todos los demás estados, que se esfuerzan al máximo por darles una mejor vida a sus hijos.

Y cuando sobrevino la tragedia a causa del huracán *Harvey* y nos vimos hundidos en la crisis producto de la pandemia, y cuando la indignación provocada por la injusticia social se volcó a las calles, esos mismos héroes volvieron a estar a la altura de las circunstancias. Esas cualidades que tanto admiramos se hicieron evidentes e iluminaron el camino hacia adelante.

El código del héroe no es un conjunto imposible de valores que nadie puede alcanzar. Al contrario, la mayoría de los héroes a los que he conocido, y la mayoría de los que aparecen en este libro, eran personas comunes y corrientes antes de verse arrojadas al crisol de la acción. Ashley White solo era una joven de Ohio que estaba haciendo su trabajo en el Ejército, pero su legado de valentía vivirá por siempre en el recuerdo de los soldados con quienes sirvió a la nación. Ralph Johnson era un adolescente afroamericano pobre que creció en el Sur, con pocas probabilidades de grandeza, hasta que sacrificó su vida por sus compañeros marines. John Adams era un joven abogado que vivía en el anonimato hasta que aceptó defender a los casacas rojas británicos y con ello cambió el curso del sistema judicial estadounidense. Las personas de North Platte, Nebraska, solo fueron amables al servir alimentos a los soldados que se dirigían a la guerra y jamás imaginaron que su compasión alteraría las vidas de tantos jóvenes. El doctor Jim Allison creció en un pequeño pueblo de Texas y parecía que su curiosidad y su persistencia inagotable eran sus únicas virtudes. Nada en él parecía estar destinado a la inmortalidad científica.

Lo que hizo diferentes a todas estas personas fue el carácter, que con el paso del tiempo y las enseñanzas de un padre atento, un maestro amoroso, un entrenador demandante, un policía compasivo, un clérigo misericordioso, un soldado inspirador o un amigo con un fantástico sentido del humor terminaron por formarse. Se distinguieron también por haber aprendido a través del estudio, la reflexión y la experiencia a ser valientes y humildes, a sacrificarse por otros, a ser hombres y mujeres íntegros, a mostrar compasión por los demás, a perseverar en los momentos difíciles, a darles esperanza a las personas, a cumplir con su deber sin importar lo banal que pudiera parecer, a reírse incluso en los momentos oscuros y a perdonar a quienes les hicieron algún mal. Aprendieron a ser héroes, porque serlo es una experiencia que se aprende.

En alguna ocasión Lincoln afirmó: «Me voy a preparar, pues si lo hago, algún día tendré mi oportunidad». Y sí, todos podemos tener algún día la oportunidad de ser un héroe. Algún día una pequeña muestra de compasión de nuestra parte podría cambiar el curso de la vida de alguien. Algún día un pequeño acto de valentía de una persona podría cambiar el curso de una nación, y algún día un pequeño o gran sacrificio de alguien podría cambiar el curso de la historia. Para ello hay que prepararse aprendiendo de los héroes que nos antecedieron y de los que caminan hoy junto a nosotros.

Convertirse en un héroe no va a ser fácil, y es comprensible que no lo sea. En el camino para convertirse hay dolor y desilusión, en ocasiones incluso habrá peligros. Si te mantienes firme o defiendes aquello en lo que crees es probable que sufras «de la fortuna impía el porfiador rigor», pero es por eso que a quienes lo logran a pesar de todos los obstáculos se les llama héroes. Las personas así actúan por encima del común denominador, se distinguen de los timoratos, de los apáticos y de aquellos que carecen de la fibra moral para hacer lo correcto; al final, los héroes nos ayudan a transformarnos en mejores personas y contribuyen a que la sociedad y el mundo sean mejores. Como antes expuse, de niño yo creía que el hombre de acero podía salvar al mundo, que estaba por allí listo para hacerlo, pero, como tenía que ser, con el tiempo aprendí que salvarlo no depende de nadie más que de cada uno de nosotros.

Sé el héroe que necesitamos que seas:

VIVE EL CÓDIGO DEL HÉROE.

EL CÓDIGO DEL HÉROE

1. Siempre me esforzaré por ser VALIENTE, por dar un paso hacia adelante al tiempo que confronto mis temores.

2. Me esforzaré por ser HUMILDE, por reconocer los límites de mi intelecto, mi entendimiento y mi poder.

3. Aprenderé a SACRIFICARME dando a quienes los necesiten un poco de mi tiempo, mi talento y mis bienes.

4. Seré una persona ÍNTEGRA; cada decisión que tome y cada acción que lleve a cabo serán morales, legales y éticas.

5. Seré amable y COMPASIVO con al menos una persona cada día de mi vida sin esperar nada a cambio.

6. Jamás me rendiré en asuntos que sean importantes para mí, para mi familia, para mi patria o para mi fe. PERSEVERARÉ.

7. Sea cual sea el trabajo que se me asigne, sea cual sea el DEBER al que estoy obligado, lo cumpliré lo mejor que pueda en la medida de mis posibilidades.

8. Utilizaré mis talentos únicos para inspirar a los demás y para darles la ESPERANZA de que mañana será un día mejor.

9. Utilizaré el HUMOR para consolar a los demás y jamás tendré miedo de reírme de mí mismo.

10. Sin importar lo grande o pequeña que sea la ofensa en mi contra, trataré de PERDONAR. Seré el vencedor, no la víctima.

AGRADECIMIENTOS

Deseo expresar mi agradecimiento a Rachel Kambury y a Sean Desmond de Hachette tanto por su amistad como por su ánimo para escribir este libro. Como siempre, nada de esto hubiera sido posible sin la ayuda de mi amigo y abogado, el señor Bob Barnett. Eres el mejor en el negocio. Por último, fui bendecido con la mejor «primera lectora» imaginable: mi esposa, Georgeann. Su esmero, sinceridad y amor con mano dura fueron esenciales para garantizar que el libro fuera lo mejor posible. Les doy las gracias a todos.

ACERCA DEL AUTOR

El **almirante William H. McRaven** es autor del éxito número uno de *The New York Times, Tiende tu cama,* y del *bestseller Sea Stories: My Life in Special Operations,* también de *The New York Times*. Durante sus 37 años como SEAL de la Armada fue comandante en todos los niveles. Como almirante de cuatro estrellas, su última comisión fue la de ser el comandante de todas las Fuerzas de Operaciones Especiales de los Estados Unidos de América. Después de retirarse de la Armada fungió como canciller del Sistema de la Universidad de Texas de 2015 a 2018. Actualmente vive en Austin, Texas, con su esposa Georgeann.